POLITIK UNTERRICHTEN

Lothar Scholz

Spiele im Politikunterricht

WOCHEN
SCHAU
VERLAG

Bibliografische Information der Deutschen Nationalbibliothek

Die Deutsche Nationalbibliothek verzeichnet diese Publikation in der Deutschen Nationalbibliografie; detaillierte bibliografische Daten sind im Internet unter http://dnb.d-nb.de abrufbar.

Wir meinen, das Märchen und das Spiel gehöre zur Kindheit: wir Kurzsichtigen! Als ob wir in irgendeinem Lebensalter ohne Märchen und Spiel leben möchten!

Friedrich Nietzsche

Für Marie Elisabeth und Sophie Isabelle

www.wochenschau-verlag.de

Titelbild: © backup16 – stock.adobe.com
Gedruckt auf chlorfrei gebleichtem Papier
Gesamtherstellung: Wochenschau Verlag
ISBN 978-3-7344-1424-4 (Buch)
E-Book ISBN 978-3-7344-1425-1 (PDF)
ISSN 2749-6988 / eISSN 2749-6996
DOI https://doi.org/10.46499/1848

Inhalt

I. Spielen in der Schule

II. Spielerische Lernformen im Sozialkunde- und Politikunterricht

I. Spielen in der Schule

Theorieansätze zum Spiel

Seit Jahrhunderten ist das Spiel Gegenstand wissenschaftlicher Erörterungen. Aus unterschiedlichen Blickwinkeln, erkenntnisleitenden Fragestellungen und Interessen betrachten Vertreter verschiedener philosophischer, pädagogischer und psychologischer Denkrichtungen und Wissenschaftsbereiche das Spiel. Spätestens seit den Frühesten Spieltheorien (Platon, 427–347 v. Chr. und Aristoteles, 384–322 v. Chr.) wird die Frage nach dem Wesen, dem Sinn, dem Ziel und dem Wert des Spiels gestellt.

Zwei Motive ziehen sich bei den Betrachtungen und Deutungen von Spielen in unterschiedlichen Ausprägungen durch die Antike (neben Plato und Aristoteles, z.B. auch Cicero, Quintilian, Seneca), Hochmittelalter (Kirchenväter und Philosophen), Renaissance und Rationalismus: einerseits die Freiheit des Spiels als ein „Natürlichkeitsprinzip" (Scheuerl 1975, 14), andererseits aber auch dessen Einschränkung, Formung und Zähmung in pädagogisch-disziplinierender Absicht.

Die Renaissance knüpft nach einer Phase der Abwertung des Spiels als unnützes Treiben (Spiel als Teufelseingebung) an das antike Erbe wieder an, und das Spiel erfährt eine zunehmende Hochschätzung, die dann auch bei Luther und Comenius vorherrscht. Das verstärkte pädagogische Interesse am Spiel am Beginn der Neuzeit betrachtet in der Epoche der Aufklärung das Spiel als Mittel zur Humanisierung der Schule und erkennt der Kindheit und dem Spiel einen eigenständigen Wert zu (John Locke, Jean-Jacques Rousseau).

Friedrich Schillers (1759-1805) „Anthropologie" verknüpft den Bildungs- mit dem Spielgedanken. In Schillers Menschenbild entwickelt und bildet sich der Mensch erst im zweckfreien Spiel („Reich der Freiheit") und findet zu sich selber. Dies befähigt ihn, aktiv an der Kulturentwicklung teilzunehmen. „Denn, um es endlich auf einmal herauszusagen, der Mensch spielt nur, wo er in voller Bedeutung des Worts Mensch ist, und er ist nur da ganz Mensch, wo er spielt" (Friedrich Schiller: Spiel und Freiheit – der ästhetische Zustand, 1793/94, nach: Scheuerl 1975, 37).

Friedrich Fröbel (1782–1852) rückt als einer der bedeutendsten Philosophen das Kinderspiel in den Mittelpunkt seiner romantisch-idealistischen Betrachtungen. Spielen ist für ihn die höchste Stufe der Menschenentwicklung in der Zeit der Kindheit (Fröbel-Pädagogik).

Die Funktionstheorien, die gegen Ende des 19. Jahrhunderts von der Psychologie entwickelt wurden und die die Erscheinungen des Spiels bestimmten biologischen oder psychischen Funktionen zuordnen, sowie die Theorieansätze, die das Wesen des Spiels phänomenologisch erfassen (Buytendijks, Huizinga, Scheuerl), entfalten ebenso wie die psychologischen und psychoanalytischen Spieltheorien (Sigmund Freud) weitere theoretische Konzepte zum Spiel. Auch die entwicklungspsychologischen (Piaget) und motivationspsychologischen (Heckhausen) Spieltheorien sowie die pädagogischen Konzepte der Reformpädagogik der Weimarer Zeit (Freie Waldorfschule, Maria Montessori) betonen allesamt die hohe Bedeutung des Spielens.

Die verschiedenen Theoriekonzepte haben allerdings nicht zu einer allgemeingültigen Spieltheorie und kriterienbezogenen Charakterisierung geführt. Die Breite des Spielbegriffs schlägt sich in einer Unschärfe über das nieder, was unter Spiel und Spielen zu verstehen ist. Die Schwierigkeiten bestehen darin, spielerische Aktivitäten von anderen Handlungsweisen abzugrenzen und eindeutige Spezifika anzugeben. Der Versuch, Spielhandlungen in den verschiedensten Lebenssituationen zu klassifizieren, diese auf einen gemeinsamen Oberbegriff zu bringen und Definitionsmerkmale zu bestimmen, die allen Spielphänomen gemeinsam sind, scheitert an der schillernden und fluktuierenden Vielfalt der Spielphänomene, an der nicht immer möglichen Identifizierbarkeit spielerischer Elemente in Handlungen (Umschlag von oder Pendel zwischen spielerischen und nichtspielerischen Tätigkeiten) und der daraus folgenden Unsicherheit in der trennscharfen Bestimmung von Definitionsmerkmalen.

Aus politikdidaktischer Sicht ist das handlungstheoretische Spielkonzept, das von Rolf Oerter (1999) entwickelt wurde, bedeutsamer. Er geht nicht vom Phänomen „Spiel" oder einzelnen Merkmalen des Spiels aus, sondern erschließt Wesen und Struktur des Spiels unter praxisrelevanten Gesichtspunkten. Dabei ergeben sich Anknüpfungspunkte und Verbindungen zu handlungsorientierten politikdidaktischen Konzepten. „Handlungstheorie" im Sinne von Oerter bedeutet, dass menschliches Verhalten nicht als naturwissenschaftlich fassbare äußere Bewegung oder innere Reaktion verstanden wird, sondern als Tun, dem Absicht und Zielorientierung zugrunde liegen. Der Mensch ist von Natur aus ein handelndes, gestaltendes und darstellendes Wesen. Entwicklungsoffen gestaltet er durch planendes und schöpferisches Handeln die Umwelt. Von den vielfältigen Tätigkeitsformen des Menschen wird eine davon als Spiel oder Spielen aufgefasst. Das Spiel ist somit eine von vielen dem Menschen zur Verfügung stehenden Tätigkeitsformen (arbeiten, lernen, sich erholen), mit denen er sein Dasein in der Welt organisiert. Es unterscheidet sich nicht prinzipiell, sondern nur graduell von anderen Tätigkeiten des Menschen.

Zur Kennzeichnung des Spiels formuliert Oerter drei „Tiefenmerkmale", die er an dem Handlungskonzept orientiert:

- Handlung als Selbstzweck
- Realitätskonstruktion
- Ritual und Wiederholung.

Handlung meint Zweckfreiheit in dem Verständnis des Handlungsmodells von Heckhausen (1989): Im Unterschied zur Handlungsstruktur von „Ernsthandlungen" (Ziel – Handlung – Ergebnis – Folge) zeichnet sich die Handlungsstruktur des Spiels durch den Wegfall des Gliedes Handlungsfolge aus und besteht aus: Ziel – Handlung – Ergebnis. Im Gegensatz zu „ernsten" Handlungen wird das Spiel um seiner selbst willen betrieben, die Spieltätigkeit und manchmal auch das Spielergebnis sind entscheidend. Kommen die Folgen ins Blickfeld, wird aus dem Spiel Arbeit. Diese Überlegung hat Auswirkungen auf Unterricht. Wenn „Folgen" als Bewertungen und Zensuren zu verstehen sind, verliert das Spielen im Unterricht seinen typischen Charakter und wird demzufolge zur Arbeit.

Bezogen auf das Merkmal Zweckfreiheit wird ein weiteres Kriterium bedeutsam: intrinsische Motivation, Flusserleben oder Flow, der als Motor für das Spielen fungiert. Flow ist ein freudevolles Aktivitätsgefühl, bei dem der Handelnde völlig in der Sache, mit der er sich beschäftigt, aufgeht. Er ist so in die Tätigkeit vertieft, dass sie spontan und fast automatisch verläuft.

Das zweite Tiefenmerkmal bezeichnet Oerter als Realitätskonstruktion. Im Spiel wird eine andere Realität konstruiert, als sie im Alltag erlebt und erfahren wird. Sie entspricht den momentanen Bedürfnissen und Zielsetzungen der Spielenden und lässt deren Erfüllung zu. Diese Realitätsveränderung findet in einem vereinbarten Rahmen statt und wird zwischen den Spielenden – auch nicht-kommunikativ und indirekt – als Wechsel des Realitätsbezugs vereinbart. Hier erschließt sich eine fundamentale Bedeutung des Spiels: In der Realitätsumformung erschafft die spielende Person Realität neu und erfährt auf diese Weise, dass Realität eine Konstruktion von Akteuren ist.

Wiederholung und Ritual, als drittes Kennzeichen des Spiels, sind ebenfalls basale Merkmale menschlicher Tätigkeiten. Wiederholung bietet die Grundlage des Lernens, ist durch das Motivationssystem abgesichert und bereitet Freude. Rituale als festgelegte Formen sozialer Verhaltensweisen, die bei bestimmten Anlässen immer wieder in der gleichen Art reproduziert werden, stehen in enger Beziehung zum Spiel. Sie versetzen den Menschen in eine besondere Bewusstseins- und Erlebnislage, erheben ihn aus der Einförmigkeit des Alltags, gewährleisten Sicherheit und Geborgenheit und verschaffen ein Gefühl der Ordnung.

Für die theoretische Fundierung des Spielens in der politischen Bildung sind weitere Theoriekonzepte relevant:

- in den Interaktions- und Kommunikationstheorien (symbolischer Interaktionismus: Mead, Blumer, Krappmann; Kommunikationstheorie, Wahrnehmungspsychologie, Konstruktivismus: Paul Watzlawick, Schulz von Thun; Theorie des kommunikativen Handelns: Jürgen Habermas in der Tradition der Kritischen Theorie der „Frankfurter Schule") wird Handeln und Verhalten im Kontext von sozialen Interaktionen und kommunikativen Situationen interpretiert. Spiel kann vor diesem Hintergrund als Kommunikation oder kommunikatives Handeln bezeichnet werden.
- Theorien der Kognitions- und Lernpsychologie knüpfen an Konzepte der Reformpädagogik an, die Lernen und Leben stärker miteinander verbinden, und entwickeln ganzheitliche Lernmodelle, in denen Denken und Fühlen, Bewerten und Handeln gemeinsam betrachtet werden. Im Spiel finden sich die Elemente dieses ganzheitlichen Lernansatzes wieder. Die Erkenntnisse der Lerntheorien stützen die These, dass Lernen und Spielen deckungsgleiche Merkmale aufweisen. Das Spiel stellt wie das Lernen eine selbstgesteuerte, selbstreferentielle, ganzheitliche und handelnde Auseinandersetzung mit der Umwelt dar, beide sind Formen der Erkenntnisgewinnung.

Seit den 90er Jahren des letzten Jahrhunderts haben in den Sozial- und Erziehungswissenschaften als Erkenntnistheorien die Theorien des Konstruktivismus weite Verbreitung erhalten. Sie haben auch ihren Niederschlag in der Theorie der politischen Bildung gefunden und geben konkrete Hinweise für die Praxis des politischen Unterrichts.

Einige der für den Unterricht bedeutsamsten Thesen des Konstruktivismus sind: „Der Mensch erkennt die Welt nicht, wie sie ‚wirklich' ist, sondern wie sie ihm erscheint und wie er sie auf der Grundlage seiner Erfahrungen deutet" (Arnold/Schüßler 1998, 77). Es gibt nicht die eine Wirklichkeit oder Wahrheit, sondern jeder Mensch nimmt die Realität individuell wahr und konstruiert sich seine eigene Wirklichkeit. In Abhängigkeit von ihren biografischen Erfahrungen, ihrem Vorwissen, ihren Einstellungen und Interessen konstruieren Lernende Wissen und Lerninhalte selbst. Lernen ist das Ergebnis von Selbstlernprozessen und der selbsttätigen und selbstständigen Wissenserschließung und Erkenntnisbildung. Die konstruktivistische Perspektive richtet den Focus deutlich auch auf die methodische Gestaltung von Lehr- und Lernprozessen. Damit kommen spielerische Lernformen in den Blick.

In den zahlreichen Theoriekonzepten kommen wichtige Potenziale von Spielen zum Ausdruck. Sie beziehen sich auf das Selbst- und Weltverständnis, auf Bildung und Lernen sowie die persönliche und gesellschaftliche und kulturelle Entwicklung. Die Möglichkeiten des Spiels, Erfahrungen zu gewinnen,

Selbstbewusstsein zu stärken, Kompetenzen zu erwerben und identitätsstiftend zu wirken, räumen dem Spiel einen grundlegenden Platz in pädagogischen Kontexten ein. Gerade in künstlich organisierten Bildungseinrichtungen (Schule, Unterricht) kommt der von Spielen ausgehenden Motivation und Aktivierung, den spielerischen Spannungselementen sowie der Freude und der Lust, die von Spielen ausgehen kann, eine besondere Rolle zu.

Schließlich sind die schulreformerischen Impulse hervorzuheben, die von spielpädagogischen Konzepten in der Reformpädagogik ausgegangen sind: die Ablehnung einer autoritär strukturierten Schule und die Forderung nach einer grundlegenden Reform des Schulwesens, in der das Spiel als ein Recht des Kindes auf eine kindgemäße Entwicklung und Entfaltung gefordert wurde, hat auch heute noch eine aktuelle Relevanz.

Die handlungstheoretischen Konzepte, die zur Grundlage des in dieser Publikation vertretenen Spielverständnisses gemacht werden, geben zentrale Hinweise auf die Charakteristik des Spiels:

- Spiel ist eine Form des Handelns.
- Dem Handeln liegen Intentionen zugrunde.
- Handeln bezieht sich auf Gegenstände (materielle oder immaterielle).
- Handelnde, und damit spielerische Tätigkeiten unterscheiden sich nur graduell von anderen Tätigkeiten.
- Spiel bedeutet Zweckfreiheit in dem Sinne, dass es für den einzelnen ohne Folgen ist.
- Im Spiel wird Wirklichkeit kommunikativ und handelnd konstruiert.
- Rituale schaffen Spielräume zur Verhaltenserprobung.
- Spielerisches Handeln ist intentional eingebettet in einen aufklärerischen und vernunftgeleiteten Zielhorizont.
- Spielen ist mit Interaktion und Kommunikation verknüpft.
- Kommunikation und Interaktion im Spiel haben mehrere Ebenen.
- Beide Handlungstypen (erfolgsorientiertes und verständigungsorientiertes Handeln) sind im Spiel darstellbar. Kommunikative Spielformen in der Schule bieten Lerngelegenheiten zur Überprüfung der Rationalität von Geltungsansprüchen.
- Kognitionspsychologische Lerntheorien verbinden Denken, Handeln, Gefühl. Lernen und Spielen weisen deutlich überschneidende Merkmale auf.

Ein pragmatisches Verständnis von Spielen in der Schule

Diese charakteristischen Merkmale des Spiels erfahren unter den herkömmlichen Bedingungen von Schule und Unterricht einige Einschränkungen und Differenzierungen. Schule hat einen vordefinierten (Erziehungs-)Auftrag, der den in diesem Handlungsraum agierenden Individuen bestimmte Rollen und Funktionen überträgt. Diese Eingrenzung des Spielraumes führt zu Relativierungen der Definitionsmerkmale des Spiels.

Ich übernehme den Vorschlag von Einsiedler, der im Sinne von Immanuel Kant (1724–1804) dafür plädiert, „auf das Definieren im strengen Sinne zu verzichten und stattdessen eine Begriffsexplikation vorzunehmen. (...) Das bedeutet, dass zwar Ober- oder Klassenbegriffe aufgeführt werden, die einzelne(n) Bestimmungsstücke jedoch nicht streng abgrenzen, sondern nur akzentuierende Hinweise geben. Der Spielbegriff wird als injunkter Begriff verstanden, d.h. er umfasst fließende Übergänge zu anderen Verhaltensformen. (...) Wenn ein einzelnes Merkmal der Begriffsbestimmung im konkreten Fall nicht vorhanden ist, wird bei deutlicher Existenz der anderen Merkmale trotzdem von Spiel gesprochen" (Einsiedler 1991, 12).

Der Verzicht auf einen universellen Spielbegriff und das Verständnis von Spiel als injunkter Begriff ermöglicht es, Elemente von sowie gleitende Übergänge zu anderen Verhaltensformen als spielerische Handlungen zu akzeptieren und die Handlung als Spiel zu verstehen. Im Folgenden soll deshalb auf handlungstheoretischer Grundlage ein spielpädagogisches Verständnis entwickelt werden, das eine unter den Bedingungen von Schule und Unterricht pragmatische Konzeption von Spielen in schulischen Zusammenhängen erlaubt.

Um dem Spiel in der Schule einen bedeutenderen Stellenwert in der Praxis des Unterrichts einzuräumen, ist es sinnvoll, von einem offenen und weiten Spielbegriff auszugehen. Folgende Merkmale eines weiten Spielbegriffs sollen im Folgenden erörtert werden:

- Spielen und Nichtspielen in der Schule sind keine Gegensätze.
- Spaß ist ein wichtiges Merkmal für Spiel.
- Spiel kann Spannung erzeugen.
- Spielen in der Schule ist nicht zweckfrei.

Spielen und Nichtspielen in der Schule sind keine Gegensätze

Wenn Spiel als eine spezifische Interaktion des Individuums mit seiner Umwelt sich nur graduell von anderen Handlungsformen unterscheidet, stellen spielerische und nicht-spielerische Spielformen keine sich ausschließenden Gegensätze dar.

Zunächst ist die Haltung des Spielers, seine innere Einstellung, ein entscheidendes Bestimmungsmerkmal des Spiels. „Nur das Subjekt entscheidet, ob eine Handlung ein Spiel ist oder nicht“ (Wagner 1990, 14). Ein- und dieselbe Handlung kann deshalb einmal „Spiel“, ein andermal „Nicht-Spiel“ sein. Die Übergänge zwischen Spiel und Nicht-Spiel sind somit fließend und umweltabhängig. Spiel und Nicht-Spiel stellen gemeinsame Tätigkeiten dar.

Sodann steht nicht eine bestimmte Handlungsweise, sondern die Interaktion des Individuums mit den Elementen seiner Umgebung im Zentrum der Betrachtung. „Es kommt nicht darauf an, ob eine bestimmte Handlungsweise ein Spiel ‚ist‘; vielmehr ist es wichtig, wie die Interaktionen eines Menschen mit den Elementen seines Lebensraumes, mit dessen Objekten und Personen, Motiven und Problemen beschaffen sind“ (ebd.).

Schließlich sind spielerische Elemente dann gegeben, wenn das Individuum die Möglichkeit hat, das Objekt der Tätigkeit zu wechseln, also nicht gezwungen wird, einer spielerischen Tätigkeit gegen seinen Willen nachzugehen.

Spaß ist ein wichtiges Merkmal für Spiel

Praktische Alltagsbeobachtungen – auch aus dem Unterricht – zeigen immer wieder, dass Spaß, Freude, Lust mit Spielen verbunden sind. Spielerische Aktivitäten verbinden Freude und Spaß am Lernen mit kognitiven und intellektuellen Lernbemühungen. Sie verknüpfen Emotionalität mit Rationalität, was nicht nur für schulisches Lernen dringend erforderlich ist. Etwas, was Schülerinnen und Schülern Spaß macht, ist außerordentlich motivierend und wird durch die vom Limbischen System vorgenommene emotionale Tönung von Denkprozessen besser eingeprägt und behalten.

Spiele können aber auch Verlierer produzieren, für die das Spiel nicht mit freudvollen Erlebnissen verbunden ist. Wenn ein wichtiges Merkmal für Spiel Spaß ist – ein Spiel soll Spaß machen –, so muss als Ausgangslage eine Offenheit des Spielverlaufs und des -ausgangs vorhanden sein, die allen Teilnehmerinnen und Teilnehmern ein lustbetontes Spielen ermöglicht. Unberührt bleibt davon, dass Spiele vom einzelnen Subjekt in unterschiedlichem Maße als freudvoll wahrgenommen werden können.

Spiele können auch langweilig sein oder sehr ernst. Deshalb stellt Spaß zwar ein wesentliches, aber kein absolut unverzichtbares Merkmal für Spiel dar. Spaß am Spiel setzt zusätzlich voraus, dass die Teilnehmer gleiche und gleichberechtigte Chancen haben, an der Handlung teilzunehmen.

Die folgenden Punkte stellen – kombiniert – die Voraussetzungen für den Spaß am Spiel dar (vgl. Ballstaedt 1976, 72):

- Spaß am Spiel liegt dann vor, wenn es dem Teilnehmer spontanes Engagement ermöglicht.
- Ein Spiel muss die persönliche Entfaltung auf strategischer und sozioemotionaler Interaktionsebene ermöglichen. In bestimmten Grenzen ist die Selbstdarstellung, die Entfaltung sozial erwünschter Verhaltensweisen und die Befriedigung sozialer Bedürfnisse erlaubt.
- Freude am Spiel entsteht durch Kreativität bei der Ausnutzung und Gestaltung der Regelsysteme. Der schöpferisch-kreative Einsatz von Spielen führt zum Durchspielen neuer Möglichkeiten sowie zum Erproben von Alternativen und stellt damit eine „Grundvoraussetzung von Emanzipation" (ebd.) dar.
- Innerhalb eines überschaubaren Zeitraums muss ein Spiel ein eindeutiges Ende finden (Schlussregel). Je ungewisser Verlauf und Ausgang sind, umso größer ist dabei Spaß und Spannung.
- Spiele haben ihren Reiz im Risiko. Das Risiko muss allerdings überschaubar und aufhebbar sein. Teilnehmer müssen aussteigen dürfen, wenn die Situation zu belastend für sie wird.

Umgekehrt widerspricht dem Spielen, wenn
- kein Raum für (spontanes) Engagement vorhanden ist,
- keine persönlichen Entfaltungsmöglichkeiten, Selbstdarstellung oder Aufnahme sozialer Beziehungen möglich sind,
- rigide Regeln Kreativität und Interpretation nicht zulassen,
- Gewinner und Verlierer von vornherein feststehen und das Ende nicht festgelegt ist,
- ein belastendes, gefährliches Risiko besteht, das von dem Einzelnen nicht aufgehoben werden kann (vgl. ebd., 72 f.).

Spiel erzeugt Spannung

Ebenso wie Spaß ist Spannung keine conditio sine qua non, die für alle Spiele gelten muss, aber doch ein grundlegendes Merkmal. Hier lässt sich anknüpfen an die motivationspsychologische Spieltheorie von Heinz Heckhausen (1989), nach dem Spiele „Aktivierungszirkel" beinhalten und eine Form der „Spannungssuche" darstellen.

Spiel als eine unmittelbar handelnde Auseinandersetzung mit einem dinglichen oder menschlichen Gegenüber sorgt durch eine einfache Zielstruktur und eine kurzfristige Zeitperspektive für einen schnellen Wechsel im Aktivierungszirkel. Bestimmte „Anregungskonstellationen" können dabei helfen, Diskrepanzen zu erzeugen und die notwendige Spannung herzustellen:

- Neuigkeit und Wechsel: Diskrepanz zwischen gegenwärtigen Wahrnehmungen und früheren Wahrnehmungen;
- Überraschungsgehalt: Diskrepanz zwischen Wahrnehmungen und Erwartungen und zwischen verschiedenen Erwartungen;
- Verwickeltheit: Diskrepanz zwischen Teilen des gegenwärtigen Wahrnehmungs- oder Erlebnisfeldes.

Diese „Konstellationen“ geben wichtige didaktische und methodische Hinweise für die Gestaltung spielerischer Lernsituationen im Unterricht.

Spielen in der Schule ist nicht zweckfrei

Kritische Einwände gegen die Verwendung des Spielbegriffs in der Schule und gegen die pädagogische Instrumentalisierung des Spiels beziehen sich auf das Kriterium der „Zweckfreiheit“ des Spiels. Der „Selbstzweckcharakter“ des Spiels wird in dem Sinne verstanden, dass das Spiel seinen Sinn nur in sich selbst habe (Vertreter: Huizinga (1987) und Callois (1958)).

Gewarnt wird davor, das Spiel im Unterricht zu „verzwecken“, zu „didaktisieren“ und zu „pädagogisieren“, weil es damit seinen typischen Charakter verliere. „Wird nicht das Spiel in seinem Wesen zerstört, wenn es der Pädagoge für seine Zwecke dienstbar machen will?“ (Fritz 1993 [a], 16). Häufig werden diese Einwände auf sogenannte „Lernspiele“ oder „didaktische Spiele“ bezogen.

Dem kann entgegengehalten werden, dass Intentionalität ein Merkmal des Handelns ist. Somit liegen dem Spielen aus handlungstheoretischer Sicht Intentionen per se zugrunde. Absichten oder Funktionen, die eine Bedeutsamkeit oder Relevanz für den Spielenden ergeben, sind immer vorhanden, z.B. in Form von Bestätigung, Erfolg, Abwechslung, Befriedigung der Neugier, Erfahrungserweiterung, Spaß, Freude, Geselligkeit, Zerstreuung, Erfolgserlebnis etc. Es liegt in Spielen immer eine spielerische Erwartungshaltung, die auch als „ludische Intentionalität“ bezeichnet wird (Röhrs 1981, 22). Spiel und Spielen sind somit weder ‚zweckfrei' noch ‚ziellos‘. Spiele im Unterricht beinhalten didaktische Intentionen, die den Erwerb von Kompetenzen anstreben.

Spielen im Unterricht ist regelgeleitet, aber prozess-, gestaltungs- und meistens ergebnisoffen (Wiederholung und Ritual bei Oerter). Für Meyer ist Spielen im Unterricht „nicht zweckfrei, sondern ein zielgerichteter Versuch zur Entwicklung der sozialen, kreativen, intellektuellen und ästhetischen Kompetenzen der Schüler“ (Meyer 1987, II Praxisband, 344). Spielen in der Schule bedeutet deshalb eine „unvermeidliche und deshalb grundsätzlich positive ‚Verzweckung‘ des Spielens“ (ebd.).

Spielen und Lernen: Spiel als Kultur der Annäherung

Eine Lernkonzeption, die spieltheoretische und spielpädagogische Elemente integriert, versteht Lernen als eine besondere Art der Kulturaneignung, als einen schöpferischen individuellen Akt, der Spiel, Phantasie und Kreativität verbindet (vgl. Duncker 1995, 4). Für Ludwig Duncker geht es im Lernen darum, „jenen inneren Schauplatz der Vorstellungskraft zu entfalten, der sich in der Phantasietätigkeit seinen Raum schafft und der im spielerischen Umgang mit der Wirklichkeit einen kreativen Ausdruck annimmt" (Duncker 1995, 4). In der Schule sollte deshalb ein anregungsreiches Milieu geschaffen werden, das Möglichkeiten zur spielerischen Auseinandersetzung mit der Realität bietet. „Dabei kann Phantasietätigkeit durchaus als sehr ernste Weise der Weltaneignung in Erscheinung treten. Spiel ist hier kein Gegensatz dazu, sondern meint eher, sich versuchend und probierend, tastend und entdeckend in immer neuen Annäherungen und Umkreisungen zu bewegen und dabei ein Thema oder einen Gegenstand in seinem Aspektreichtum zu erschließen" (ebd., 5).

Einen direkten Zusammenhang zwischen einer veränderten Lernkultur und dem Spiel hat Horst Rumpf hergestellt. Er bezeichnet das Spielen als „Kultur der Annäherung" (Rumpf 1993, 22) und räumt diesem einen zentralen Stellenwert bei der (spielerischen) Aneignung von Kultur ein. Horst Rumpf wendet sich gegen die „in unserer Gesellschaft vorherrschenden und beglaubigten Codes der Kulturaneignung" (ebd., 28) und macht darauf aufmerksam, „dass die Normen der Effizienz und Beschleunigung in die Aneignungs- und Übereignungspraktiken einwandern und dass sie (…) die Menschen um die Arbeit wie die Lust der Annäherung zu bringen das Zeug haben. Man kommt an, ohne sich aufgemacht zu haben und unterwegs gewesen zu sein; man ‚wird angekommen', man wird transportiert, ohne sich selbst bewegt zu haben." (ebd.)

Die dabei übergangene oder wegrationalisierte Annäherung hat Rumpf mehrfach als „Spiel", als „spielerisch", bezeichnet. „Und wenn Kultur nicht angemessen als Besitz, als Trophäe, als Waffe, als Schnellgericht anzueignen ist, wenn sie Inbegriff der Bemühungen der Menschen ist, sich ihre Welt offen zu halten und sich wie den Dingen ihre stumme überwältigende Selbstverständlichkeit zu nehmen, dann geht es nicht ohne die spielerische Spielart. Auch wenn sie den Normen der Verwaltbarkeit, Vergleichbarkeit und Kalkulierbarkeit schlecht zupasskommt – ein bunter Vogel, der keine vorgezeichneten Routen fliegt" (ebd.).

Deutliche Verbindungslinien auch zum politischen Lernen werden sichtbar, wenn Rumpf – im Folgenden auch wegen der Anschaulichkeit der Sprache und seiner spielerischen Ausdrucksweise etwas ausführlicher zitiert – formuliert: „Versuchsweise mit den Dingen zu verfahren' – das heißt so viel wie spielerisch, vielgesichtig. Man muss sich verkleiden, die Häute wechseln, um die Dinge zum Reden zu bringen. Das gilt auch für die Vorgänge, die sich beim Aneignen von Kultur abspielen – nicht nur bei der Wissensgewinnung. Man muss ganz verschiedene Blicke riskieren: ein Theaterstück, eine Geschichte, mit den Augen des Polizisten, des Liebhabers, des Beichtvaters betrachten: schelmisch, neugierig, ehrfürchtig – immer wird man anderes wegstreichen, für unwichtig halten. Nur eines darf man nicht: sich wie ein gänzlich neutraler Rezeptor vorkommen, der namens der Lerntreue sich aller Vorlieben enthält, alle Zugriffe vermeidet und sich keinen spielerischen Jux oder Biss mehr gestattet.

Dieser scheinbar für alles offene Lerner hat sich blind gemacht – er bekommt nur langweiligen Lehrstoff zu Gesicht, er hat nicht den Schwung, sich spielend einzulassen, sich einzuspielen. Weil die etablierten Lehrmodelle die Annäherungsspiele als vorwissenschaftlich, ineffizient und unökonomisch einzuschätzen nahe legen" (ebd., 27).

Um den Gegensatz Spiel – Ernst zu entkräften und gar nicht erst entstehen zu lassen, betont er: „Spiel also allemal nicht als Gegensatz zum Ernst, auch nicht als etwas, was ‚leicht geht', wie Butter, weil es keinen wirklichen Widerstand bietet, – sondern Spiel als kultivierte Erschwerung der Annäherung, lustvoll, risikoreich, je nach dem – jedenfalls aber die Praxis, nicht gradlinig und zeitsparend ein Ziel anzusteuern oder ein Hindernis zu nehmen. Umwege, Zickzackfiguren, Erinnerungen an eine gewisse Springprozession, zwei Schritte vor, ein Schritt zurück, die sind dabei; wir sprechen von einem spielerischen Hin und Her im Unterschied zu einem direkten Zugriff" (ebd., 22).

Rumpf lässt auch keinen Zweifel aufkommen, dass Spielen nicht „als Gleitöl der Einpassung, der vernünftigen Entwicklung, des immer besser funktionierenden Problemlösens" (ebd., 28) verstanden werden darf, folglich nicht affirmativen Zwecken unterliegen soll. „Damit freilich zöge man der Spiel-Leidenschaft die Drachenzähne, die sie auch hat, und die sich in der Zertrümmerung des Normalen, in der Verwirrung des Überschaubaren in einigen zuvor zitierten Beispielen zeigten" (ebd.).

Dieses Verständnis von Lernen als Aneignung von Kultur integriert charakteristische Elemente des Spiels. Lernen ist, um es mit Reinhold Miller zu formulieren, ein „‚Zulassen von Erfahrungen' durch Ausprobieren, Kreativität und Spiel" (Miller 1997, 29). Diese allgemeine, spielorientierte Grundhaltung Lernen gegenüber, die experimentelles, kreatives und reflexives Denken einschließt, steht im Gegensatz zu einem herkömmlichen Lernbegriff, der Lernen als ausschließlich kognitiv ausgerichtete, gradlinig und eindimensional strukturierte Vermittlung von Wissen versteht.

Spielen und Lernen sind eng verwoben und stellen keinen Gegensatz dar. „Wenn Spielen Perspektivwechsel und Umstrukturierung des Vertrauten ist, Entdecken und Erproben, Entlastung und Spaß am neuen Einfall, dann gehört Spiel immer schon zum Lernen in jedem Fach dazu. Spielen ist nicht die Gegenwelt des Lernens, sondern ein Teil, eine Erscheinungsform von Lernen. Spiele sind ein Acker für Kreativität, für Intuition, aber auch für Konzentration und Ausdauer, für Phantasie und Intensität" (Baer/Dietrich/Otto, 1995 [Editorial]). Wenn für jedwedes Lernen Probierverhalten, Experimentieren, selbstständiges Einlassen auf Lerngegenstände und Risikobereitschaft grundlegend sind, dann ist Spiel ein wesentlicher Bestandteil des Lernens und nicht seine Gegenwelt. „Spiel ist das Vergnügen daran, sich selbst auszuloten" (Menzel 1995, 73).

Mit dem Spielen im Unterricht eröffnen sich „hochkarätige Lernchancen" und Möglichkeiten, „etwas von der ‚Leichtigkeit des Seins' auch in das institutionell organisierte Lernen hereinzuholen" (Döring 1997, 10). Das Lernen wird schwerer, wenn das Spielen aus der Schule verbannt wird, weil das Spiel eine Möglichkeit darstellt, leichter zu lernen. Wolfgang Menzel behauptet: „Wer in der Schule nicht spielen lernt, lernt nicht lernen!" (Menzel 1995, 73).

Pädagogische Potenziale von Spielen

Aus allgemeinpädagogischer und psychologischer Sicht begründen die folgenden pädagogischen Potenziale den Stellenwert von Spielen im Unterricht:

- *Motivation*: Spiele beinhalten einen hohen Anregungsgehalt und haben einen positiven Aufforderungscharakter. Sie können zur intrinsischen Motivation helfen, Spaß bereiten und Lernfreude fördern.
- *Probehandeln*: Spielsituationen sind Probehandlungen und in der Regel sanktionsfreie Einstiege in außerschulische gesellschaftliche und politische Situationen und Zusammenhänge. Der „Als-ob"-Charakter des Spiels ermöglicht eine reflektierende und distanzierende Trennung von Ich und Rolle, die Spielhandlung kann als „Sache" betrachtet werden und führt zum Abbau der Angst vor „ernsten" Konsequenzen.
- *Ganzheitlichkeit*: Spielen spricht alle Fähigkeiten des Menschen an: kognitive, emotionale, instrumentelle, motorische. Spielen ist ganzheitlich, aktiviert die unterschiedlichen Funktionen beider Gehirnhälften und sorgt damit für eine optimale Vernetzung auch von im Spiel vermittelten Informationen und Kenntnisse im Gehirn.

- *Emotionale Verankerung*: durch emotionale Erfahrungsgehalte werden affektiv besetzte Erlebnissituationen und Lernerfahrungen geschaffen, die sich bedeutend stärker einprägen als nur kognitiv strukturierte Lernprozesse.
- *Vielfältiger Unterrichtseinsatz*: Spielformen können in verschiedenen Phasen des Unterrichts zum Einsatz kommen. Sie können zur Anwendung, Übung, Vertiefung und Wiederholung von Unterrichtsstoff dienen, aber auch Diagnosehilfen bei der Überprüfung des Lernerfolgs der Schüler und Schülerinnen darstellen.
- *Kompetenzaneignung*: Da Spielaktivitäten sich immer auf Inhalte beziehen und sich daran konkretisieren, dient Spielen auch der Förderung der Kompetenzaneignung: Aneignung von Wissen und Kenntnissen, der Anbahnung von Kritik- und Urteilsfähigkeit sowie des Aufbaus von Handlungsbereitschaft.
- *Handlungsorientierung*: Das Prinzip der Handlungsorientierung kommt insgesamt stärker zur Geltung, da der Handlungsanteil in spielerischen Aktivitäten bedeutend größer als in anderen Lernformen ist.
- *Selbsttätigkeit*: Im Mittelpunkt spielerischer Tätigkeiten steht die Selbsttätigkeit. Oft ist der Lernstoff, der selbst produziert und gestaltet wird, die eigene Erfahrung, das eigene Erleben. Nicht Belehrung und Abstraktes verschaffen den Zugang zur Wirklichkeit, sondern direkte Erfahrung und eigene Handlung.
- *Interaktion*: „Aktives Interagieren macht den Reiz vieler Spiele aus, man rezipiert nicht passiv irgendeine Information, sondern setzt sich mit andern auseinander und entwickelt damit zugleich Kohäsion“ (Gudjons 1997, 29). Soziale Lernprozesse können dadurch unterstützt werden.
- *Kommunikation*: Spiele bieten intensive Gelegenheiten zur verbalen und nonverbalen Verständigung.
- *Verhaltenssteuerung*: Spiele unterstützen die Fähigkeit der „Steuerung“, d.h. sie setzen (im Rahmen bestimmter Regeln) die Selbststeuerung des Verhaltens und das Entscheiden frei, sie fördern damit auch die Bereitschaft, sich auf Neues, Unbekanntes einzulassen.
- *Offenheit*: Spiele sind außer „Wissensspiele“ selten auf ein von vornherein feststehendes Ergebnis hin orientiert. Ergebnisse und Verlauf können in den meisten Fällen nicht präzise vorhergesagt werden. Stattdessen machen Mehrdeutigkeit, Dynamik und Offenheit den Reiz und die Spannung vieler Spiele aus.
- *Flowempfinden*: spielerische Tätigkeiten können ein Flussempfinden und eine inhaltliche Versenkung auslösen. Der Lernprozess kann dadurch in-

tensiver und konzentrierter verlaufen. „Das Spielen kann eine Intensivierung des Lernprozesses durch dessen Verlangsamung bewirken. … Muße und Konzentration, Spannung und Lösung, Spaß und Ärger sind die Pole, die man der Flüchtigkeit anderer, vordergründig ökonomischerer Aneignungsmethoden entgegensetzen kann" (Greving/Paradies 1996, 88).

- *Regelbewusstsein und „Aus der Rolle fallen"*: Spielen erfordert das Beachten und die Einhaltung von Regeln, die notwendig zur Bearbeitung eines Themas sind. Eigens konstruierte „Spielregeln" ermöglichen aber auch, obwohl sie als Sonderfälle die Wirklichkeit verzerren können, das experimentierende „Aus-der-Rolle-Fallen" und damit gerade als Kontrastregeln zum Alltag wesentlich neue Erfahrungen (vgl. Gudjons 1997, 29).
- *Kompensation*: „Spielen im Unterricht wird immer notwendiger, weil die Verhaltensauffälligkeiten und Sozialisationsdefizite der Kinder und Jugendlichen in einem derartigen Umfang zugenommen haben, dass der lehrerzentrierte Unterricht zusammenzubrechen droht. Spielen in der Schule erhält eine Kompensationsfunktion. Es schafft Erfahrungs- und Handlungsräume, die in der Familie und in der Straßensozialisation nicht mehr oder zumindest nicht mehr in ausreichendem Maße vorhanden sind" (Paradies/Meyer 1994, 14 f.).

Kompetenzen in der politischen Bildung

Der Einsatz von Spielen und spielerischen Lernformen im politischen Unterricht hat sich zu orientieren an den Kompetenzen, die für die politische Bildung grundlegend sind. Für die politische Bildung ist neben anderen Konzepten das Modell der Politikkompetenz von einer Autorengruppe (Detjen/Massing/Richter/Weißeno, 2012) entwickelt worden. Angelehnt an den Kompetenzbegriff von Franz Emanuel Weinert (2001), der eine Verbindung von Motivation/Einstellung, Wissen und Können im Handlungsvollzug herstellt, werden vier Kompetenzdimensionen ausdifferenziert: Fachwissen, Politische Urteilsfähigkeit, Politische Handlungsfähigkeit sowie Politische Einstellung und Motivation.[1]

Spiele im Politikunterricht können wichtige Beiträge zu den einzelnen Facetten dieses Konzepts leisten:

- zu Förderung und Strukturierung konzeptuellen Wissens,
- zur Gewinnung von Feststellungs-, Erweiterungs-, Wert-, Entscheidungs- und Gestaltungsurteilen,

---

1 https://www.bpb.de/apuz/148216/die-vier-dimensionen-der-politikkompetenz?p=0 (aufgerufen am 22.08.2021).

- zur Befähigung zum kommunikativen und partizipativen politischen Handeln, insbesondere zu Fähigkeiten zum Artikulieren, Argumentieren, Verhandeln und Entscheiden,
- zur Entwicklung von politischem Interesse, politischen Selbstbewusstsein, Systemvertrauen und Bürgertugenden.

Spiele als handlungsorientierte methodische Verfahren im politischen Unterricht

Spiele und spielerische Arbeitsformen im Sozialkunde-/Politikunterricht werden als handlungsorientierte Methoden der politischen Bildung bezeichnet und diesen zugeordnet. In dem didaktischen Konzept der Handlungsorientierung, das in den letzten Jahrzehnten eine große Verbreitung in Fachdidaktiken und Unterrichtspraxis gefunden hat, wird eine Verbindung zwischen Handeln, Erkennen, Denken, Kommunizieren, Interagieren, Lernen und Spielen vorgenommen. Theoretisch hat das Konzept der Handlungsorientierung verschiedene Wurzeln und Begründungsstränge, obgleich eine umfassende Begründungstheorie bis heute fehlt.

Einer der Anknüpfungspunkte ist die bereits dargestellte anthropologisch-handlungstheoretische Position, nach der der Mensch ein aktives, handelndes Wesen ist, das zielorientiert und sinnhaft Tätigkeiten ausübt. Verschiedene didaktische, pädagogische und psychologische Theorien des Denkens, des Lehrens und Lernens oder der Entwicklung und Aneignung (Lern- und Kognitionspsychologie, Sozialisationstheorie, Wissenspsychologie, Motivationspsychologie, konstruktivistische Erkenntnistheorie) und nicht zuletzt die Gehirnforschung heben die Verbindung von Denken und Handeln, Geist und Körper, Kopf und Hand deutlich hervor. Lernen ist demnach mit tätiger Aneignung von Welt und Weltverständnis verknüpft. Denkstrukturen entwickeln sich aus verinnerlichten Handlungen (Piaget, 1972). Gegenstandsbezogenes Handeln ist die Basis für abstrahierendes Denken, für Begriffsbildung und geistige sprachliche Operationen. Handeln, Denken und Lernen verschränken sich wechselseitig, Denken ist das Ordnen des Tuns (Aebli 1980).

Handlungsorientiertes Lernen ist durch eine problemlösende und produktorientierte Vorgehensweise charakterisiert, mit der eine Verbindung von „innerem Handeln“ (Denkoperationen) und „äußerem Handeln“ (materielle Operationen) (vgl. Gudjons 1997, 9) hergestellt wird. Als weiteres wesentliches Kriterium kommt die Mitwirkung und Mitbestimmung der Lernenden bei der Unterrichtsgestaltung (Inhalts- und Methodenauswahl, Festlegung der Arbeitsschritte, Zeiteinteilung etc.) hinzu. Handlungsorientierter Unterricht gibt den Lernenden möglichst viel Raum für Selbstorganisation und Selbstverantwortung. Hier zeigen sich deutliche Überschneidungen zu spielerischen Lernformen.

Strukturierung spielerischer Lernformen für den Sozialkunde- und Politikunterricht

Da es bis heute noch keine überzeugende Definition von Spielen gibt, mit der das Gemeinsame aller Spielformen auf einen Begriff gebracht werden könnte, gibt es analog zum Dilemma einer allgemein gültigen Spieldefinition auch in der Frage nach einer einheitlichen Systematik von Spielen keine allgemein anerkannte, verbindliche Struktur. Stattdessen liegen in der spieltheoretischen und spielpädagogischen Literatur zahlreiche Versuche vor, die Vielfalt der Spiele zu ordnen, zu klassifizieren oder zu kategorisieren. Die Vielschichtigkeit und Komplexität der Spiele verhindert auch hier eine eindeutige und allgemeingültige Strukturierung. Das Hauptproblem liegt in der trennscharfen Kriterienformulierung für die eindeutige Zuteilung von Spielformen zu einer Kategorie.

Die unterschiedlichsten Merkmale eines Spiels können zur Grundlage von Zuordnungen gemacht und entsprechend der Intentionen von Spielpädagogen und Spielleitern einmal der einen, einmal der anderen Kategorie zugeordnet werden. Je nach Absichten oder Zwecken sind unterschiedliche Unterscheidungsmerkmale relevant: formale Strukturen und Organisationsformen (wie z.B. Spielorte, Gruppenorganisation, Adressatengruppen, Einsatzgebiete/Fächer), Funktionen von Spielen, Effekte und Zielsetzungen, Inhalte und Themen, Spielweisen und Spielaktivitäten sowie Materialien bilden die gebräuchlichsten Einteilungskriterien für Spiele. Die meisten Autoren behelfen sich deshalb mit pragmatischen und weniger systematischen Zuordnungen. Als grobe Hilfskonstruktion für den spielpädagogischen Alltag haben Einteilungssysteme eher eine pragmatische Orientierungs- und Übersichtsfunktionen.

Ebenso wie bei den Vorschlägen für eine Strukturierung allgemeinpädagogischer Spielformen wird es auch bei Gliederungsvorschlägen für Spielformen im Feld der politischen Bildung unterschiedliche Auffassungen darüber geben, nach welchen Gesichtspunkten politikdidaktische Spiele klassifiziert werden können. Je nach didaktischer Perspektive werden solche Konzepte unterschiedlich ausfallen; zumal sich auch hier Probleme bei der Trennschärfe und Zuordnungen einzelner Kategorien sowie Überschneidungen ergeben.

Die spielerischen Lernaktivitäten sind in dem folgenden Strukturierungsvorschlag zu Spieltypen zusammengefasst, die jeweils ähnliche charakteristische

Handlungsformen zum Ausdruck bringen. Außerdem verfolgen sie in jedem Typ bestimmte unterscheidbare didaktische Intentionen und zielen schwerpunktmäßig auf den Erwerb bestimmter, spezifischer Kompetenzen.

Allerdings überschneiden und verschränken sich Handlungsformen und Kompetenzen, die durch einzelne spielerische Lernaktivitäten erworben werden können. Eine exklusive, ausschließliche Zuordnung spielerischer Tätigkeiten zu Spieltypen ist nicht möglich. Aneignung von Wissen erfolgt auch in Simulations- und Entscheidungsspielen, Auseinandersetzungen werden ebenfalls in diesen beiden Spielformen geführt. Ein Rollenspiel stellt auch eine Produktion dar, in der Lernergebnisse präsentiert werden. Diese Überlappungen und terminologischen Unschärfen werden hier in Kauf genommen, um eine auch unter Praxisgesichtspunkten handhabbare Struktur zu erhalten. Entscheidend ist, dass sich diese spielerischen Aktivitäten und der jeweilige Kompetenzerwerb auf einen charakteristischen handlungsbezogenen und intentionalen Schwerpunkt beziehen.

Tabelle 1: Strukturierung spielerischer Lernaktivitäten zu Spieltypen

Spielerische Lernaktivitäten	Spieltypen
(a) Assoziieren, sich einlassen, Empfindungen zum Ausdruck bringen	Assoziations- und Einstiegsspiele
(b) Auseinandersetzen, argumentieren, streiten, entscheiden	Diskussions- und Entscheidungsspiele
(c) Simulieren, Rollen spielen, probehandeln	Simulationsspiele
(d) Interagieren, kommunizieren, kooperieren	Interaktions- und Kooperationsspiele
(e) Wissen aneignen, festigen, üben	Wissensspiele
(f) Inszenieren und in Szene setzen	Szenische Spiele
(g) Produzieren und präsentieren	Spielerische Produktions- und Präsentationsformen

Diese Spieltypen können auf zentrale Grobphasen des Unterrichts bezogen werden. Für Einstiegsphasen eignen sich eher Assoziations- und Einstiegsspiele. Diskussions- und Entscheidungsspiele, Simulationsspiele, Wissensspiele und Szenische Spiele haben in Erarbeitungsphasen ihren Schwerpunkt. Für Phasen der Ergebnispräsentation bieten sich Simulationsspiele, Szenische Spiele und spielerische Produktions- und Präsentationsformen an. Interaktions- und Kooperationsspiele nehmen als Formen kommunikativen und sozialen Lernens eine Sonderstellung ein. Sie können in jedem Abschnitt eines Lernprozesses eine wichtige didaktische Bedeutung erlangen.

Tabelle 2: Zuordnung spielerischer Lernaktivitäten zu Unterrichtsphasen

<table>
<tr><td>Einstieg</td><td>(a) Assoziieren, sich einlassen, Empfindungen zum Ausdruck bringen
(b) Auseinandersetzen, argumentieren, streiten, entscheiden</td></tr>
<tr><td>Erarbeitung</td><td>(b) Auseinandersetzen, argumentieren, streiten, entscheiden
(c) Simulieren, Rollen spielen, probehandeln
(e) Wissen aneignen, festigen, üben
(f) Inszenieren und in Szene setzen</td></tr>
<tr><td>Ergebnispräsentation</td><td>(c) Simulieren, Rollen spielen, probehandeln
(f) Inszenieren und in Szene setzen
(g) Produzieren und präsentieren</td></tr>
<tr><td colspan="2">(d) Interagieren, kommunizieren, kooperieren</td></tr>
</table>

Bei der Zuordnung der einzelnen Gruppen von Spielaktivitäten zu den Grobphasen des Unterrichts wird deutlich, dass es auch hier Überschneidungen und Mehrfachzuordnungen spielerischer Lernformen zu Unterrichtsphasen gibt.

Im nächsten Teil des Buches werden diese Spieltypen sowie die spielerischen Lernaktivitäten mit beispielhaften Spielformen näher erläutert und unter spielpädagogischen und politikdidaktischen Gesichtspunkten erörtert.

II. Spielerische Lernformen im Sozialkunde- und Politikunterricht

1. Die eigene Person ins Spiel bringen – assoziieren, sich einlassen, Empfindungen zum Ausdruck bringen

1.1 Assoziations- und Einstiegsspiele

Allein die äußere Organisation (Stundenplan, Fachlehrereinsatz etc.) bedingt, dass Politik- oder Sozialkundeunterricht in der Schule in verschiedene Phasen gegliedert ist (z.B. Einstieg, Problemstellung, Erarbeitung, Ergebnis, Sicherung) sowie einen formalen Anfang und ein formales Ende hat. Diese Unterrichtsschritte sollten aufeinander bezogen und nicht voneinander isoliert sein oder ohne Zusammenhang unverbunden nebeneinanderstehen. Einstiegsformen eignen sich insbesondere dazu, Lernprozesse schülerorientiert zu gestalten.

Anfangssituation und Einstiege haben oftmals als Schlüsselphase eine herausgehobene Bedeutung. Deshalb bedarf es didaktisch-methodischer Überlegungen, Einstiegsphasen ziel- und problembezogen sowie schüler- und gegenstandsorientiert, das bedeutet auch motivierend, zu gestalten.

Unterrichtseinstiege können unterschiedliche, manchmal nebeneinander bestehende Funktionen haben:

- *Thematisierungsfunktion*: eine Fragestellung wird entwickelt und das Ziel des Unterrichts pointiert herausgestellt.
- *Strukturierungsfunktion*: durch den Einstieg wird der Unterricht vorstrukturiert und der Ablauf des Unterrichts für die Lernenden transparent (gemacht).
- *Motivationsfunktion*: der Einstieg soll Interesse und Neugier am Thema wecken.
- *Mobilisierungsfunktion*: hier geht es um die Mobilisierung von Vorwissen und Vorverständnis von Schülerinnen und Schülern. „Nur wenn diese kognitive und affektive Struktur offengelegt und zum Ausgangspunkt von politischem Unterricht gemacht wird, besteht die Chance, über politische Realität aufzuklären und rationale Urteilsbildung zu fördern" (Lach 2000, 28).

Das Erschließen eines Themas wird für die Schülerinnen und Schüler oftmals zu sehr auf den Sachaspekt und die kognitive Lerndimension verengt, wobei es allerdings deutliche Unterschiede zwischen einzelnen Schulstufen und Schulformen gibt. „Schülerinteressen, Emotionen, Vorlieben, Werthaltungen,

Fähigkeiten und psychomotorische Kompetenzen spielen häufig nur eine untergeordnete Rolle“ (Greving/Paradies 2000, 15). Hinzu kommt, dass mit der intellektuell-kognitiven Ausrichtung der Einstiege diese oft lehrerzentriert gestaltet und durch eine starke (Gesprächs-)Lenkung der Lehrperson geprägt sind. Die Schülerinnen und Schüler folgen in ihren verbalen oder gedanklichen Reaktionen weitgehend den vorgetragenen Gesprächsimpulsen oder Fragen.

Dies ist meist der Fall, wenn Unterrichtseinstiege überwiegend die beiden Funktionen „Thematisierung“ und „Strukturierung“ wahrnehmen. Diese Einstiegsformen lassen sich zwar oft stärker politikdidaktisch orientieren und genügen damit herkömmlichen fachdidaktischen Kriterien, gehen aber zu Lasten einer Orientierung an den Interessen und dem Bewusstsein der Schülerinnen und Schüler. Ein stark gelenktes Frage-Antwort-Spiel, in dem die Lehrkraft die Fragehaltung der Lernenden in eine bestimmte, von ihm vordefinierte Richtung drängt, ist oft die Folge.

Daneben läuft eine starke Ausrichtung der Einstiegsphasen auf die Motivationsfunktion und Mobilisierungsfunktion Gefahr, das spezifisch Politische aus den Augen zu verlieren. Zwar können Vorerfahrungen, Interessen, Haltungen der Schüler und Schülerinnen deutlich artikuliert und das Prinzip der Schülerorientierung stärker zur Geltung gebracht werden, doch muss auch hier der Zielbezug des Unterrichts hergestellt werden. Dies kann auch zu einer starken Lehrerlenkung führen, wenn das Unterrichtsvorhaben nicht projekt- oder schülerorientiert angelegt ist.

Aus der Perspektive einer schülerorientierten politischen Bildung, wie sie etwa Rolf Schmiederer (1977) entwickelt hat, sowie aus einer konstruktivistischen Sichtweise (s.u.), kann die fachdidaktische Perspektive zu Beginn eines Unterrichtsvorhabens durchaus zugunsten einer Motivierung und Mobilisierung der Lernenden zurücktreten.

Soll ein politisches Problem in den Fragehorizont der Schüler gebracht werden, ist es notwendig und sinnvoll, zunächst eine Beziehung zu seinen Wissensstrukturen, Haltungen, Einstellungen, Denkkategorien herzustellen. Schüler müssen Gelegenheiten erhalten, Voreinstellungen, Vorwissen, Vormeinungen zu artikulieren. Zu den meisten der Themen im Politikunterricht haben Schüler und Schülerinnen ein manchmal diffuses und unreflektiertes, oft auch ein emotionsbesetztes Vorverständnis. Wird dieses nicht thematisiert, läuft Unterricht, der auf Verstehen und rationale Urteilsbildung abzielt, Gefahr, die Ebene des Verständnisses und der Urteilsbildung nicht zu erreichen.

In fachdidaktischer Hinsicht ist prinzipiell Hans-Werner Kuhn zuzustimmen, wenn er zusammenfassend betont: „Die sensible Kunst der Fachlehrerin/

des Fachlehrers besteht darin, in der Planung sich eine Kommunikationssituation auszumalen, in der die Ziele, der Gegenstand und die Erwartungen und Qualifikationen der Schülerinnen und Schüler in ein ‚Spannungsverhältnis' versetzt werden. Es muss etwas fragwürdig werden, verfremdet, verunsichert, Selbstverständlichkeiten müssen befragt, eine fremde Perspektive eingenommen werden, der Prüfung ausgesetzt" (Kuhn 2000, 22 f.).

Assoziative und konfrontierende Lernverfahren

Zwei große Gruppen spielorientierter Verfahren lassen sich für Einstiegsphasen unterscheiden: assoziative Lernformen und konfrontierende/provozierende Spielformen.

Die politikdidaktische Leistung spielerisch-assoziativer Verfahren besteht im Wesentlichen darin, bei den Lernenden mithilfe eines Bildes, Textes oder eines Tondokumentes eine assoziative Verbindung zwischen Thema/Gegenstand und Person herzustellen. Im Mittelpunkt stehen dabei die Einstellungen, Vor-Ansichten und Vor-Urteile der Lernenden. Aber auch Fragen, Empfindungen, Gefühle, Betroffensein können angesprochen und ausgesprochen und damit zum lernerzentrierten Ausgangspunkt eines Lernprozesses werden.

Assoziative Spielformen ermöglichen spontane und freie Assoziationen und erlauben, mit eigenen gedanklichen Verknüpfungen zu „spielen". Sie geben Raum für persönliche Entfaltung und Selbstdarstellung, für Ausdruck von Individualität und Empfindungen sowie für die Aufnahme sozialer Beziehungen. Vor allem erlauben sie Offenheit der Lernsituation und begrenzt auch Phantasietätigkeit, was grundlegende Merkmale spielerischer Aktivitäten sind. Die Vielzahl denkbarer Assoziationen in Einstiegsphasen kann zu einer Neugierde und Spannung, einem Interesse am Partner und einer gegenseitigen Wertschätzung führen, die ggf. von Staunen, Überraschung, Schmunzeln oder Freude (beim Wiedererkennen bekannter Motive) begleitet wird.

Bei den provozierenden und konfrontierenden Spielformen liegt der das didaktische und politisches Denken stimulierende Gehalt in der Erzeugung einer kognitiven Dissonanz, die eine Wahrnehmung einer Verunsicherung und Verfremdung mit sich bringt und Widerspruch auslösen kann.

Assoziative und provozierende spielerische Lernverfahren bieten Gelegenheiten, unterschiedliche Assoziationen, Meinungen und Gegenmeinungen, Ansichten und Einstellungen zur Sprache zu bringen. Sie stellen damit methodische Chancen dar, Urteile „frag"-würdig werden zu lassen. Durch die intendierte Artikulation eröffnen sich Möglichkeiten, Werturteile zu thematisieren, zu hinterfragen und durch den weiteren Verlauf des Lernprozesses zu korrigieren. Kompetenzen im moralischen Urteil können damit verbessert werden und so die Voraussetzungen für einen Komplexitätszuwachs des politischen Urteils geschaffen werden.

Auch im Bereich des Sachurteils kann eine Differenzierung der Wahrnehmung und Interpretation politischer, gesellschaftlicher oder sozialer Sachverhalte eingeleitet werden. Die Konfrontation mit anderen An-Sichten und Assoziationen kann eine Relativierung und ggf. Korrektur der eigenen Bilder erzeugen. Die Fähigkeiten, die dabei gelernt werden können, sind Elemente politischer Handlungskompetenz:

- die eigene Meinung (Assoziationen, Ansichten, Begründungen für Auswahlentscheidung) sachlich zu vertreten,
- damit argumentationsfähig zu werden, aber auch
- konsensfähig zu werden (z.B. durch die Einigung auf einige Bilder/Texte) sowie
- Perspektiven zu wechseln und sich in die Denkweise anderer hineinzuversetzen.
- Wissen wird in diesem Kontext nur insoweit vermittelt, als es durch den internen Austausch von Kenntnissen der Lernenden geschieht. Es ist allerdings ein wesentliches Ziel spielerischer Einstiegsverfahren, eine Fragehaltung und ein Bedürfnis nach Informationen und sachlichen Zusammenhängen hervorzurufen, die dann den weiteren Lernprozess strukturieren helfen.

Assoziative, aber auch konfrontierende Lernverfahren bieten auch Lerngelegenheiten zum Erwerb sozialer und methodischer Fähigkeiten:

- Im Austausch der Assoziationen der Schüler untereinander ist aktives Zuhören und gezieltes Nachfragen erforderlich; dialogische Aufmerksamkeit kann dadurch gefördert werden.
- Die sich an den Austausch anschließende Einigungs- und Planungsphase verlangt Kooperation mit anderen und fördert die Fähigkeit, das Arbeitsvorhaben mit anderen selbstständig zu planen und durchzuführen.
- Schließlich wird die Fähigkeit zur Präsentation und Visualisierung bei der Vermittlung von Gruppenergebnissen in Form eines kleinen Vortrags geübt.
- Die beim freien Assoziieren als Grundbedingung zu vereinbarende Gleichrangigkeit von Meinungsäußerungen und Ansichten fördert gegenseitige Akzeptanz, Toleranz und Anerkennung.

In Fortführung assoziativer spielerischer Einstiegsvarianten bieten sich darüber hinaus weiterführende methodische Arrangements an, die den individuumsbezogenen assoziativen Zugang zu einem Thema oder Problem als Ausgangspunkt für einen Kommunikationsprozess in einer Kleingruppe nehmen und in einen schülerzentrierten Planungsprozess für ein Lernvorhaben münden (vgl. auch Planungsbogen für die selbstständige Arbeit (1) – (4), in: Scholz 2001 [a], 13 A – 14 B).

Konstruktivistische Perspektive

Auch die konstruktivistische Erkenntnistheorie betont die Bedeutung von Einstiegsphasen, in denen Beziehungen zwischen Person und Sache hergestellt und artikuliert und in denen Stoff und Individuum in eine erste Begegnung gebracht werden. Aus ihrer Sicht sollen „Lernangebote – z.B. Sachinformationen, Frage- und Problemstellungen, Begriffe, Interpretationsangebote – an die Wissensnetze der Adressaten anschlussfähig sein" (Sander 2001, 82).

Neue Informationen gewinnen umso mehr Bedeutung für die Lernenden, wenn diese mit bereits vorhandenen Interpretationen und Bildern verknüpft werden. „Von den Lernenden selbst muss ein sinnvoller Anschluss an ihr Wissensnetz gesehen werden, müssen neue Informationen vor dem Hintergrund ihres Bildes der Welt als bedeutsam definiert werden, damit sie als Wissen aufgenommen und in das individuelle Wissensnetz integriert werden können" (ebd.).

Damit „der Stoff überhaupt zu einem Gegenüber wird, mit dem man reden kann" (Ruf/Gallin 1999, 159), müssen die spezifischen Fachaspekte des Themas zurücktreten. Der Lernende soll bei seiner Begegnung mit dem Gegenstand seine Sicht der Dinge aus seiner „singulären Welt" (ebd.) einbringen, damit er Kontakt mit dem Neuen aufnehmen und Fuß fassen kann. Dabei ist nicht wichtig, ob sein Standort zunächst nahe bei der Sache ist oder noch weit davon entfernt.

Urs Ruf und Peter Gallin formulieren etwas überspitzt und im Kontrast zur primär fachdidaktisch ausgerichteten Perspektive: „Der Schlüssel zu einer authentischen Begegnung mit einem Schulstoff liegt im vollständigen Verzicht auf fachbezogene Erwartungen an den Lernenden. Er soll dem Gegenstand vorerst so offen und unvoreingenommen wie möglich gegenübertreten können, und der Fluss seiner Assoziationen darf durch keinerlei Vorstellungen von richtig oder falsch oder brauchbar und unbrauchbar gehemmt und gelenkt werden" (ebd., 158f.)

Nach Ruf/Gallin gibt es kein Verstehen, das von den eigenen Vormeinungen und Vorurteilen absieht. Dies ist besonders für den Erwerb politischer Urteilsfähigkeit von Bedeutung. „Damit das Gegenüber – ein Text, ein mathematisches Gebilde – sich mitteilen kann, muss man die eigene Person ins Spiel bringen. Wer mit dieser Haltung an Schulstoffe herantritt, ist immer schon drin:

Er kann gar nicht ausgeschlossen werden. Wichtig aber nicht nur das Gespräch mit dem Stoff, wichtig auch das Gespräch mit anderen Menschen, die in einer Beziehung zu diesem Stoff stehen. Selber mit dem Stoff reden und seine Erlebnisse mit anderen austauschen, das sind die beiden Quellen des Verstehens“ (Ruf/Gallin 1999, 159 f.).

1.2 Spielformen

Um in diesen Anfangssituationen von Unterricht die Schüler in ein „Spannungsverhältnis“ zu versetzen, die eigene Person ins Spiel zu bringen, Verknüpfungen zwischen dem Ich und der Sache hervorzubringen und um Motivation generell zu erzeugen, bieten sich eine Reihe von spielerischen Lernformen an, die sich, neben anderen Unterrichtsfächern, besonders auch für den politischen Unterricht eignen.

Assoziative Lernformen

Assoziative Lernformen nehmen ihren Ausgangspunkt von Impulsen oder Denkanstößen, die von Materialien, Texten oder von dem Lehrer und der Lehrerin ausgehen. Es liegen eine Vielzahl von Beispielen für assoziative spielorientierte Lernformen mit den entsprechenden Medien vor

- assoziative Zugänge durch *Bilder* und *visuelle Texte*: Zeichnungen, Fotos, Karikaturen, Symbole, Darstellungen aus dem Bereich der Kunst, grafische Darstellungen in verschiedenen Vorlagen und Formaten: Einzeltexte, Bild- oder Symbolkarteien, Bildposter, Bildkartei, Bildpuzzle, Wort-Bild-Puzzle;[2]
- assoziative Zugänge durch S*chrifttexte*: Begriffe, (Reiz-, Impuls-, Schlag-) Wörter, Buchstaben, Satzimpulse oder durch Kombination von Schrift und Text;
- assoziative Zugänge durch *akustische Impulse*: Tondokumente, Hörszenen, Features;

---

2 Zahlreiche Bild-/Impulskarteien und Vorschläge zur methodischen Arbeit mit Bildern sind über Schulbuchverlage und pädagogische Organisationen zu beziehen; siehe auch: https://docplayer.org/22778175-Bilder-im-unterricht-methoden-der-arbeit-mit-bildern.html (aufgerufen am 22.02.2021); siehe auch: Studienseminar Koblenz, Berufspraktisches Seminar, https://studienseminar.rlp.de/fileadmin/user_upload/studienseminar.rlp.de/gy-ko/Wahlmodule_18-19/3._Bilder_-_Sturm_-_06.08.2018/01_Bilder_im_Unterricht_einsetzen_2018.pdf (aufgerufen am 22.08.2021).

- assoziative Zugänge durch *Kartenspiele* und *Würfel;*
- *Assoziationsketten.*[3]

Die Aufzählung erfasst einen großen Teil von Einstiegsvarianten, erhebt aber nicht den Anspruch auf Vollständigkeit. Nicht immer ist der Einsatz dieser spielerischen Verfahren auf die Einstiegsphase des Unterrichts beschränkt. Entscheidend zur Zuordnung ist der spielerische Impulscharakter dieser Spielvorschläge, der zur Artikulation von Bildern, Vorstellungen und Assoziationen anregt und veranlasst.

Konfrontierende und provozierende Spielformen

Neben assoziationsauslösenden spielerischen Einstiegsformen können auch methodische Varianten, die mit Mitteln der Provokation oder Konfrontation „spielen", Zugänge ermöglichen und Beziehungen zwischen Individuum und Sache herstellen. Zwei Formen sollen hier vorgestellt werden:

a) Konstruktion eines Widerspruchs, Verfremdung, Ent-/Verrätselung

Durch einen von dem Lehrer inszenierten Überraschungseffekt soll scheinbar Selbstverständliches widersprüchlich und fragwürdig werden, Vertrautes und Bekanntes fremd erscheinen, Neugierde und Fragehaltung geweckt sowie die Notwendigkeit weiterer Information und Auseinandersetzung erkannt werden. Am ausgeprägtesten weisen Rätsel spielerische Elemente auf. Sie stellen Umwege beim Lernen dar und können einen Lernprozess produktiver und anregender gestalten als eine rezeptive Informationsaufnahme. Diese methodischen Arrangements beinhalten allerdings pädagogische Risiken. Verfremdende und Widerspruch provozierende Einstiegsformen können Frustrationseffekte auslösen und die Grenzen zur Taktlosigkeit überschreiten.

b) Provozieren und bluffen

Diese spielerische Einstiegsform gelingt nur, wenn der ihr immanente spielerische Charakter nicht durchschaut wird, zumindest solange die beabsichtige Täuschung nicht aufgelöst ist. Eine Provokation muss von dem Lehrer glaubhaft vorgetragen werden, was zu dem absurden Charakter des Spiels beiträgt: als Spiel darf es nicht erkannt werden. Die Schüler und Schülerinnen spielen nicht eine Rolle, sondern meinen ihre Aussagen und Argumentationen wirklich und ernstzunehmend.

---

3 Beispiele für die unterschiedlichen assoziativen Einstiegsverfahren finden sich in der Methoden-Kiste: Scholz 2000 (9. Aufl. 2020); erhältlich über die Bundeszentrale für politische Bildung, Bonn. Bestellnummer: 5340. Download: https://www.bpb.de/shop/lernen/thema-im-unterricht/36913/methoden-kiste (aufgerufen am 22.08.2021).

Gerade Themen aus dem Bereich der Politik und Gesellschaft eignen sich für diese riskante Methode. „Immer dann, wenn es im weitesten Sinne um die Regeln unseres Zusammenlebens geht, um Rollen und Rollenklischees, um Außenseiter, um Gerechtigkeit, um Stärke und Schwäche, um Gewalt, um das Verhältnis der Geschlechter zueinander, kann das Thema mit einer Provokation begonnen werden, die den jeweiligen Inhalt aufnimmt und polarisiert" (Greving/ Paradies 1996, 61).

Den Chancen, durch Provokation Engagement und Widerspruch zu erzeugen, stehen auch Gefahren gegenüber, die diese Spielformen ad absurdum führen können: Gefühle, getäuscht und „reingelegt" worden zu sein, die Doppelbödigkeit nicht erkannt zu haben und sich möglicherweise selbst verrannt zu haben, können schnell zu Blockaden, Rückzug oder Beleidigtsein führen. Deshalb sind Einfühlungsvermögen, ein vertrauensvolles Verhältnis des Lehrers und der Lehrerin zur Lerngruppe, gegenseitige Akzeptanz und vor allem das aufklärende Auswertungsgespräch unumgänglich. Außerdem nutzen sich diese Spielformen schnell ab und sind von daher relativ selten einsetzbar.

Beide Verfahren unterscheiden sich bezüglich ihres Spielcharakters. Während Provokationen spielerische Elemente bewusst verdecken und sich als „Ernst" oder „Realität" ausgeben und erst durch eine unerlässliche reflexive Auswertung aufgedeckt und in ihrem Spielcharakter erkannt werden, sind spielerische Elemente bei der Konstruktion eines Widerspruchs, einer Verfremdung oder Verrätselung und bei assoziativen Verfahren offenkundig. Ihre spielerische Funktion liegt u. a. darin, „die eigene Person ins Spiel zu bringen", das Individuum herauszufordern, Spannung zu erzeugen und zu kognitiven und kreativen Anstrengungen anzuregen.

Assoziative sowie konfrontierende und provozierende Lernverfahren können als beispielhaft für einen Spielverständnis angesehen werden, dem ein injunkter Begriff zugrunde liegt. Spielerische Elemente und nicht-spielerische Elemente gehen ineinander über und werden von den Individuen unterschiedlich interpretiert. Für die einen überwiegt eher der Aspekt, die gestellte Aufgabe, sich selbst einzubringen, als Pflicht zu empfinden, für andere steht das kreativ-spielerische Moment im Vordergrund, das Selbstbestimmung und individualisierende Herangehensweise ermöglicht. Deshalb ist neben dem Gruppenklima die innere Einstellung des Lernenden entscheidend, ob diese Lernverfahren als Spiel oder als Nicht-Spiel aufgefasst werden.

Die mit der Auswahl der Einstiegsmethode verbundene Aufgabe für den Politiklehrer und die -lehrerin besteht darin, diese spielerischen Einstiegsvarianten politikdidaktisch zu akzentuieren und mit den Zielen und den Inhalten des Unterrichtsthemas zu verknüpfen.

2. Streiten lernen – Auseinandersetzen, argumentieren, streiten, entscheiden

2.1 Diskussions- und Entscheidungsspiele

In diesem Abschnitt werden Spiele und spielerische Lernformen erörtert, die in erster Linie kontrovers angelegte Kommunikationsprozesse strukturieren. Es handelt sich dabei sowohl um komplexere spielerische Methoden als auch um spielerische Lernarrangements, die spezifische politikdidaktische, kontrovers ausgerichtete Kommunikation in Gang setzen und gestalten.

Kontroversität als didaktisches Prinzip

Auseinandersetzung und Streiten sind für politisches Handeln konstitutiv. Politische Entscheidungsprozesse in demokratischen Gesellschaften beruhen in der Regel auf unterschiedlichen, kontroversen Standpunkten, die in einem diskursiven Prozess ausgetauscht werden. Kontroversität ist somit ein grundlegendes Merkmal für Demokratie.

Das Prinzip der Kontroversität basiert auf der Pluralismustheorie, nach der die Gesellschaft von vielfältigen und unterschiedlichen Interessen geprägt ist und Politik der oft konfliktreiche, fast immer kontroverse und in demokratischen Gesellschaften prinzipiell gewaltfreie Prozess ist, zu einem Ausgleich der Interessen zu gelangen. Diese grundlegende Einsicht zu vermitteln, ist nicht nur Ziel des Sozialkunde- oder Politikunterrichts, sondern der politischen Bildung in der Schule überhaupt. Das didaktische Prinzip der Kontroversität gehört deshalb zu den fundamentalen Prinzipien der politischen Bildung. Die „Einübung kontroversen Denkens" (Engelhardt 1968) als zentrale didaktische Aufgabe dient der politischen Urteilsbildung und bahnt Konfliktkompetenz an.

Niederschlag hat das Kontroversitätsgebot in dem zweiten Leitsatz des sogenannten Beutelsbacher Konsenses gefunden (vgl. Schiele/Schneider 1977): „Was in Wissenschaft und Politik kontrovers ist, muss auch im Unterricht kontrovers erscheinen" (Wehling 1977, 179) oder wie Rudolf Engelhardt und Wolfgang Hilligen schon 1968 gefordert haben: „Was in der Öffentlichkeit kontrovers beurteilt wird, darf die Schule nicht harmonisieren wollen" (Engelhardt 1968, 57).

Die Einübung kontroversen oder dialektischen Denkens sieht sich in der schulischen und außerschulischen Wirklichkeit erheblichen Hemmnissen gegenüber. Auf der Ebene der Politik blendet eine symbolische Politik oftmals

Kontroversen und latente Konflikte aus und inszeniert sich selbst mit dem Schein der Harmonie und innerparteilicher Konfliktfreiheit. Parteipolitischer Streit ist eher negativ konnotiert und genießt im öffentlichen Bewusstsein eine abwertende Haltung.

Erschwerend kommt hinzu, dass in den sozialen Medien die überwiegend vorherrschende Kommunikation wenig diskursorientiert angelegt ist. Meinungen und Standpunkte werden eher einseitig, oft stimmungsbezogen postuliert als dass eine rationale Auseinandersetzung geführt wird. „Die Funktionslogik der digitalen Öffentlichkeit lasse wenig Raum für den demokratischen Streit und die mühsame Suche nach Ausgleich und Kompromiss“, sagte Bundestagspräsident Wolfgang Schäuble bei einer digitalen Konferenz der Europäischen Parlamentspräsidenten am 10.05.2021. Eine „Stimmungsdemokratie“ in sozialen Medien sei eine ernsthafte Bedrohung für die Prinzipien einer parlamentarischen Demokratie (Schäuble 2021)[4]. Umso mehr ist der Politikunterricht in den Schulen gefordert, Streiten lernen einzuüben und zu fördern.

Im Unterricht setzt ein Diskursklima verbindliche, von allen akzeptierte Gesprächsstrukturen voraus, die Übung und Training erfordern. Diskurskompetenzen, die Fähigkeit, Standpunkte zu beziehen und zu vertreten, Dissonanzen auszuhalten und Kontroversen zu ertragen, können nicht nur auf den Politikunterricht beschränkt bleiben, sondern müssen als Bestandteil einer demokratischen Schulkultur betrachtet werden. Folglich haben sich auch andere Unterrichtsfächer und andere Fachlehrer an der Einübung einer dialogischen Gesprächskultur zu orientieren, die Kontroversen nicht scheut, sondern in demokratischen Aushandlungsprozessen zu einem Ausgleich bringt. Politik-, oder Sozialkundeunterricht als „Inselfach“ kann sicher einiges ausrichten, ist aber bei der Ausbildung von Diskurskompetenzen auf die Schulgemeinde angewiesen. Erfahrungen im Streiten lernen dient auch dem Aufbau einer Streitkultur, die in der Schule gepflegt werden und zum grundlegenden Element einer sich als demokratisch verstehenden Schulkultur gehören sollte. So kann die Einsicht vermittelt werden, dass der offene Austrag widerstreitender Interessen zum Wesensbestandteil der Demokratie gehört.

Das grundlegende Prinzip der Kontroversität lässt sich in Lernprozessen spielerisch zum Ausdruck bringen und erfahrbar machen. In der Fachdidaktik

4 Schäuble, 10.05.2021: Soziale Medien machen aus politischem Diskurs digitale Stimmungsdemokratie. https://www.rnd.de/politik/schaeuble-soziale-medien-machen-aus-politischem-diskurs-digitale-stimmungsdemokratie-NNG5X6RQ7XSD5643J7IKSZIR6E.html, aufgerufen am 06.04.2022.

werden diese Spiele, die Kontroversen zum Gegenstand haben, oft den simulativen Methoden zugerechnet (z. B. „Entscheidungsspiele", „Pro-Contra-Debatte"). Da aber der kontroverse Charakter dieser Spielformen in der Regel den simulativen deutlich überwiegt, werden in dieser Arbeit alle Spielformen, denen eine Kontroverse oder eine Streit- und Entscheidungsfrage zugrunde liegt und die argumentativ ausgetragen wird, den Diskussions- und Entscheidungsspielen zugeordnet.

Auf der Zielebene können diese Spielformen Urteils- und Handlungsfähigkeit anbahnen. Dadurch, dass die Lernenden mit kontroversen, teilweise alternativ zugespitzten Problemstellungen (bei Streit- oder Entscheidungsfragen) oder mit mehreren Lösungsvorschlägen und -alternativen sowie Antworten zu einer Problemfrage konfrontiert werden, können sie fast beiläufig lernen, dass kontroverses Denken für politisches Denken und Handeln konstituierend ist.

Streit-, Entscheidungs- und Prioritätenspiele bieten vielfältige Lerngelegenheiten zum Erwerb von Methodenkompetenz und persönlicher Kompetenz. So können Schülerinnen und Schüler lernen,

- Argumente zu formulieren und vorzutragen,
- Entscheidungsprozesse aktiv mitzugestalten,
- Argumente und Gegenargumente abzuwägen und Prioritäten zu bilden,
- eine Gesprächsstrategie zu entwickeln,
- sicher vor anderen aufzutreten,
- Interessenlagen, Sicht- und Denkweisen anderer wahrzunehmen, sich in diese hineinzuversetzen und auf diese einzugehen,
- Perspektiven zu wechseln,
- Moderations-, Präsentations-, Visualisierungs- und Gesprächstechniken anzuwenden,
- Regeln für Diskussionen zu formulieren und einzuhalten,
- über den Erfolg eigenen Handelns zu reflektieren.

Die übrigen Spielformen stellen dagegen eher formale Verfahren dar, die zu einer Entscheidung stimulieren und anregen sollen. Thesenraster, Positions- oder Streitlinie, Prioritätenspiel, Thesenspiel, Ampelspiel, Vier-Ecken Spiel, benutzen – quasi als Hilfskonstruktion – eine formale Struktur. Sie stellen strukturierte Arbeitshilfen (Arbeitsbogen, Thesenkarten, Raumstruktur) zur Verfügung, die zur inhaltlichen Auseinandersetzung mit verschiedenen Positionen verleiten und einen Entscheidungsprozess herbeiführen sollen. Die Bandbreite reicht dabei von sehr eng geführten Vorlagen (z.B. Thesenraster) bis hin zu Aufgabenstellungen, die sehr unterschiedliche und kreative Darstellungsformen ermöglichen (z.B. Thesenbild).

2.2 Spielformen

Die in diesem Abschnitt vorgestellten spielerischen Lernformen weisen einen unterschiedlichen didaktischen Komplexitätsgrad auf. Zwei Gruppen können unterschieden werden:

a) Spielformen, die von der inhaltlichen Thematik und dem methodischen Arrangement komplexer und aufwändiger sind

Pro- und Contra-Debatte

Ziel der Pro- und Contra- Debatte ist es, mit begründeten Argumenten die Zuschauer von der eigenen Meinung zu überzeugen. Es werden unterschiedliche Positionen deutlich herausgearbeitet, begründet, und gegenübergestellt. Anschließend wird eine Abstimmung angestrebt, in der eine formale Entscheidung herbeigeführt wird. Zentrales didaktisches Anliegen ist die Förderung der Urteilskompetenz und damit eine grundlegende Zielsetzung politischer Bildung.

Wie bei dem Planspiel spielen auch bei der Pro- und Contra- Debatte neben der intellektuellen Aneignung und Verarbeitung von Informationen und Begründungszusammenhängen strategische und taktische Überlegungen eine wichtige Rolle. Die beiden Gruppen tragen Argumente für die eigene Position zusammen und wägen diese unter dem Gesichtspunkt ihrer Aussagekraft und Wirkung ab. Mögliche Argumentationslinien der gegnerischen Partei werden antizipiert. Es werden Überlegungen angestellt, wie diese entkräftet werden können. Schließlich entwerfen die Gruppen eine Strategie für ihre Argumentation.

Es sind verschiedene Variationen der Pro- und Contra-Debatte denkbar. Eine Erst-Abstimmung, um ein vorläufiges Meinungsbild herzustellen und eine gewisse Spannung für den folgenden Austausch der Standpunkte in der Debatte aufzubauen, empfiehlt sich auf jeden Fall. Ihre Ergebnisse können dann verglichen werden mit der Schlussabstimmung. Dies bietet die Möglichkeit, die Entwicklung der eigenen Urteilsbildung zu reflektieren.

Bei der Pro- und Contra Debatte, synonym auch für Streitgespräch, ist die eigentliche aktive Spielphase eingebettet in Phasen der Erarbeitung, des Informationserwerbs, der Gruppenarbeit, der Reflexion und der Auswertung. Die Durchführung ermöglicht – wie bei Simulationsspiele generell – innerhalb vereinbarter Regeln auch spontane und spielerische Handlungsformen und bietet Raum für personale Entfaltungsmöglichkeiten. Die Debatte selbst lebt von der Dynamik und der Entwicklung des Kommunikationsprozesses und kann zu spannungsreichen Diskrepanzen führen. Ein Spannungsniveau, das ein Merkmal von Spielen darstellt, kann damit aufrechterhalten werden.

Das Streitgespräch ist zeitlich begrenzt und beinhaltet als Schlussregel eine Abstimmung. Die Lernenden übernehmen eine Position oder eine Rolle, aus der sie heraus spielerisch akzentuierte Standpunkte und Argumente vertreten können, ohne dass sie in Wirklichkeit mit ihrer Person verknüpft werden. Die Übernahme oder das Durchspielen bestimmter Rollen zieht keine Konsequenzen nach sich und ist ohne Sanktionen. Für den einzelnen können sich damit neue Erfahrungsfelder eröffnen. Aus politikdidaktischer Sicht tritt die simulative Bedeutung von Streitgesprächen zurück. Gelernt werden soll in erster Linie kontroverses Denken, Argumentation und Diskussion.[5]

Entscheidungsspiel (auch Verhandlungs- oder Konferenzspiele)

In einem Entscheidungsspiel, auch als Verhandlungs- oder Konferenzspiel bezeichnet, wird eine Situation, ein Ereignis oder eine Geschichte bis zu einem bestimmten Punkt vorgegeben, an dem eine Entscheidungssituation erforderlich wird. Die Spieler vergegenwärtigen sich die Entwicklung und das Spannungsgefüge, die die Situation bestimmt. Sie agieren nicht in einer vorgegebenen Haltung, sondern sie versetzen sich in einer charakteristischen Rolle in ein Spannungsfeld, in dem sie frei agieren können. Dabei sollen Entscheidungsalternativen bewusstwerden und möglichst kreative, aber an die Rollencharakteristik gebundene Lösungen gefunden werden. Die Lösung ist offen.

Die Möglichkeiten des Entscheidungsspiels reichen von der Fünf-Minuten-Szene bis zu mehrtägigen Gruppen-Entscheidungen. In Entscheidungsspielen jonglieren Lernende gedanklich mit Alternativen. Das Abwägen verschiedener Entscheidungsalternativen eröffnet Möglichkeiten kognitiver Entfaltung und individueller Perspektiven. Kreativität, auch spielerische Phantasie ist innerhalb des Rahmens des Regelsystems geradezu gefordert.[6]

Prioritätenspiel

Diese Form des Entscheidungsspiels geht von subjektiven Einstellungen aus, die zunächst durch eine individuelle Prioritätensetzung dokumentiert werden. Aus einer vorgegebenen Liste von Aussagen oder Thesen wählen die Lernenden eine bestimmte Anzahl aus, die ihren Ansichten (am ehesten) entsprechen. Nachdem jeder Lernende für sich eine Position definiert hat, werden in einer Gruppe diese Entscheidungen verglichen und nach Meinungsparallelen gesucht. Die Gruppe

---

5 Beispiel für eine Anweisung für Schüler*innen: Pro- und Contra-Debatte I: Das Prinzip, II: Spielregeln in: Scholz 2000 (9. Aufl. 2020), S. 30 f.

6 Beispiele in: Zentrum für Innere Führung 2001, 23 ff.

muss zu einer Gruppenentscheidung gelangen, indem sie verschiedene Meinungen abwägt, Argumente austauscht und die so gefundenen übereinstimmenden Positionen in eine Rangfolge (Priorität) bringt.

Wesentliches Merkmal des Prioritätenspiels ist die Herausstellung von Entscheidungsalternativen und die Fokussierung auf eine Entscheidungsfindung. Ebenso wichtig wie die schließlich gebildete Rangfolge ist der durch Diskurs und Kommunikation geprägte Prozess der Konsensfindung. Beobachter können hier für die anschließende Auswertung wichtige Hinweise geben. Wie bei anderen spielerischen Verfahren ist auch bei diesen Spielvarianten die Auswertung und Reflexion von großer Bedeutung. Sie sollte auf drei Ebenen erfolgen:

- auf der inhaltlichen Ebene (Erörterung der sachlich-inhaltlichen Dimension der Ergebnisse);
- auf der Ebene der Kommunikation und der interaktiven Ebene (Reflexion des Kommunikations- und Interaktionsprozesses);
- auf der methodisch-strategischen Ebene (weitere gemeinsame Planung des Lernprozesses).

Entscheidungsspiele und Prioritätenspiele konzentrieren sich auf einen Entscheidungsprozess in einer konflikthaften Situation oder bei einer problemhaltigen Ausgangsfrage. Sie sind flexibel einsetzbar, zeitlich und organisatorisch überschaubar und wenig aufwändig. Thematisch sind sie auf viele kontroverse Themenstellungen anzuwenden. Sie können in unterschiedlichen Phasen des Lernprozesses eingesetzt werden und mit anderen Spielmethoden, z.B. Rollenspielen, kombiniert werden. Zu achten ist darauf, dass die konstruierten Konfliktsituationen nicht unzulässig vereinfacht werden und die Modellsituation nicht unrealistisch wirkt.[7]

Die im Folgenden aufgeführten Entscheidungsspiele haben nicht-simulativen Charakter und unterscheiden sich von diesen – mit Ausnahme des Prioritätenspiels – auch dadurch, dass die gegensätzlichen Positionen und Argumente von den Lernenden nicht selbst entwickelt oder erarbeitet werden, sondern dass diese thesenhaft, tabellenhaft oder strukturiert vorgegeben werden (z.B. auf Arbeitsblättern oder Thesenkarten). Dadurch ist ein schnellerer und kurzweiliger Entscheidungsprozess möglich, der sich auch in der einstündigen Alltagspraxis des Politik- bzw. Sozialkundeunterrichts realisieren lässt und Schüler und Schülerinnen zu selbstständigem Lernen veranlassen kann.

---

7 Beispiele für Prioritätenspiele: Scholz 2015, S. 6. Methoden im Politikunterricht – Beispiele für die Praxis. Politik und Unterricht 1/2 – 2015. Hg. v. Landeszentrale für politische Bildung Baden-Württemberg, S. 15; https://www.politikundunterricht.de/1_2_15/methoden.pdf (aufgerufen am 23.08.2021).

Thesenprofil

Die Arbeit an einem Thesenprofil (synonym auch: Thesenbild) verbindet die Auseinandersetzung und Meinungsbildung in einer Gruppe mit einer ansprechenden und aussagekräftigen Visualisierungsform. Jede Gruppe erhält eine Anzahl von Thesenkarten (ca. 30–40) mit vorgegebenen Aussagen oder Meinungen sowie eine Anzahl von Blanko-Karten (ca. 5) zu einem Problem oder einem Thema (z.B. Demokratie in der Schule, Unsere Werte). Aufgabe der Gruppen ist es, in einer bildlichen Darstellungsform (Baum, Landschaft, graphische Struktur etc.) Aussagen zu dem vorgegebenen Thema so anzuordnen und abzubilden, dass eine inhaltliche Struktur, Beziehung, Hierarchie, Konstellation oder ein Netzgeflecht erkennbar wird.

In der Regel wird ein Zentrum von Aussagen dargestellt, um das sich herum andere Thesen gruppieren und graphisch anordnen. Dabei wird die Beziehung zu den im Mittelpunkt stehenden Kernaussagen, bzw. der Stellenwert einzelner Aussagen im Gesamtkontext durch die Positionierung in der Struktur oder dem Bild verdeutlicht (z.B. Nähe–Ferne; Peripherie–Zentrum; Basis–Überbau; Wurzel–Stamm–Blatt etc.).

Diese Methode verbindet kognitive, ästhetische und visuelle Aspekte des Lernens miteinander und erfordert neben einer inhaltlichen Auseinandersetzung in den Gruppen auch eine Einigung über die optische Anordnung und Darstellung von Thesen.[8]

Thesenspiel

Das Thesenspiel, vom Verfasser entwickelt, ist ein Kartenspiel, das kontroverse Thesen zu einem Thema oder einer Problemstellung auf Karten anbietet. Es wird mit Gruppen gespielt. Ziel des Spiels ist es, durch Zufall zugeteilte Aussagen oder Thesen in eine thematische Aussagenfolge zu bringen. Diese wird in der Gruppe erörtert und festgelegt und in begrenztem Maße durch weitere, eigenständig formulierte Thesen ergänzt. Geübt werden soll dabei

- die kognitive Auseinandersetzung mit Aussagen, mit denen man zufällig konfrontiert wird und zu denen man zu einer Stellungnahme veranlasst wird;
- der kreative Einbau oder die Umdeutung der Aussagen in eine Argumentationsfolge, die gemeinsam entwickelt werden kann;
- durch zusätzlich frei formulierbare Aussagen eine Aussagenkette mit eigenen Intentionen zu versehen.

---

8 Beispiel in: Scholz 2015, S. 13.

Reihum ziehen Mitglieder für ihre Gruppe im ersten Spieldurchgang zunächst fünf verdeckt angebotene Karten aus dem Kartenstapel. Die Aufgabe jeder Gruppe ist es, sich auf drei Thesen (Karten) zu einigen, über deren Aussage die Mitglieder der Gruppe einen Konsens finden müssen. In dem nächsten Spieldurchgang werden die zwei aussortierten Thesenkarten an den Spielleiter zurückgegeben und dafür zwei neue Karten aus dem Kartenstapel verdeckt gezogen. Die Gruppen führen nun erneut einen Meinungsbildungsprozess herbei, indem sie die Aussagen der neuen Karten mit den bisher ausgewählten in Beziehung setzen und zu einer gruppenkonsenten Aussagenfolge von insgesamt drei Thesen gelangen. Im nächsten Durchgang werden wieder zwei Karten zurückgegeben und zwei neue gezogen.

Nach fünf Spielrunden erhalten die Gruppen die Möglichkeit, entweder eine Karte zurückzugeben und mit den restlichen vier eine Aussagenfolge zu entwickeln oder zwei Karten zurückzugeben und eine Blanko-Karte einzufordern. Auf dieser kann eine frei formulierte Aussage geschrieben werden, auf die sich die Gruppe einigt und die in ihr Aussagenkonzept zu den anderen Karten passt.

Anschließend werden die Thesenkarten in einer zusammenhängenden Darstellung von Mitgliedern jeder Gruppe präsentiert und erläutert, wobei der Einsatz kreativer methodischer Elemente wünschenswert ist (szenische Darstellung, Rollenspiel, anschauliche Visualisierung etc.).

Auch hier hat die Inhalt- und Methodenreflexion eine herausragende Bedeutung. Das Grundprinzip von Thesenspiel und Thesenprofil besteht darin, sich als Gruppe zu kontroversen Positionen zu verhalten, die auf Arbeitsmaterialien als Thesen oder Statements vorgegeben sind. Dies kann durch Zustimmung, Ablehnung oder bei manchen Spielformen auch durch eine unentschiedene Haltung erfolgen. Ziel ist eine möglichst rasche Auseinandersetzung, Positionierung und Meinungsbildung mit Abstimmung in der Gruppe.

Bei beiden methodischen Verfahren liegt der spielerische Charakter in der den Spielen eigenen Dynamik und Offenheit des Geschehens. Die Vorgabe von Thesen oder Statements stellt zwar einen einengenden Rahmen dar, eröffnet aber durch die Anleitung kreative Spielräume, die kommunikativ gefüllt werden – bis hin zu einer Um-Interpretation der Thesenaussagen im Thesenspiel, wenn die inhaltlichen Aussagen der zufällig gezogenen Karten in der Gruppenmeinung nicht konsent sind. Das Überraschungsmoment stellt ein weiteres spielerisches Element dar. Es kann dabei zur Herstellung eines mittleren Spannungsniveaus kommen, da für den einzelnen und die Gruppe nicht vorhersehbar ist, mit welchen Aussagen sie konfrontiert werden. Beide Spielformen sind mit einer Präsentation der Gruppenergebnisse verknüpft. Da die

Gruppenergebnisse jeweils unterschiedlich ausfallen werden, ist ein zusätzliches ludisches Spannungsmoment durch die Neugierde auf die Ergebnisse der anderen Gruppe gegeben.

b) spielorientierte Lernarrangements, die eher als methodische Zugänge zu einer Problemstellung dienen und direkt und spontan zu einer Stellungnahme oder Position herausfordern

Positionslinie

In einer Positionslinie können Einstellungen körperlich zum Ausdruck gebracht werden. Die deutsche Sprache weist in ihrer vielfältigen Methaphorik auf Intentionen und methodischen Möglichkeiten dieser Spielvariante hin: „einen Standpunkt/eine Position einnehmen", „Stellung beziehen", „zu seinem Wort stehen", „eine Frage steht im Raum", „sich in Streitfragen aufeinander zu bewegen", „unverrückbare Positionen" etc.

Auf einer gedachten oder durch einen Klebestreifen auf dem Boden markierten Linie positionieren sich die Schülerinnen und Schüler zu einer Frage oder zu einem Problem. Die Enden dieser Linie stellen alternative Pole (ja/nein; stimmt/stimmt nicht), der Abstand zwischen diesen Punkten entsprechend abgestufte Positionen dar. Die Schülerinnen und Schüler werden dann aufgefordert, ihre Positionen zu begründen und sich auch argumentativ aufeinander zu beziehen.

Streitlinie

Diese Positionslinie kann zu einer Streitlinie weiterentwickelt werden, wenn sich die Lernenden sehr gegensätzlich positionieren. Auf der Streitlinie können dann in Pro- und Contra-Rede, nach einer kleiner Besinnungs- und Sammlungsphase („Murmelgruppe") Argumente ausgetauscht werden.

Diese Methode erfolgt prinzipiell in dem Dreischritt: Positionierung – Vortragen und Austauschen der Argumentation für die Position – Relativierung der Positionierung. Deshalb werden die Lernenden im letzten Schritt aufgefordert, darüber nachzudenken, ob sich ihre Position durch Argumentationen anderer Schülerinnen und Schüler möglicherweise relativiert hat. Dies soll dann auch durch eine Veränderung des eigenen Standpunkts auf der Positionslinie dargestellt werden.[9]

9 Beispiel für eine Anweisung für Schüler*innen: Die Positionslinie – Die Streitlinie, in: Scholz 2000 (9. Aufl. 2020), S. 34 f.

Vier-Ecken-Spiel

Das Vier-Ecken-Spiel bietet die Möglichkeit an, sich zu einer gestellten Frage für eine von vier verschiedenen vorgegebenen Auswahlantworten zu entscheiden. Den Ecken eines Raumes werden verschiedene Antwortalternativen zugeordnet. Die Lernenden stellen sich in die Ecke, deren zugeordnete Antwort sie zustimmen. Auch hier ist eine Begründung und ein Meinungsaustausch notwendig und ein Wechsel und eine Revision des ursprünglichen „Standpunkts" möglich.

Das Vier-Ecken-Spiel ist ein schnell durchzuführendes Entscheidungsspiel und ermöglicht einen raschen Überblick über vorhandene Einstellungen, Vorlieben, Ansichten von Mitgliedern einer Lerngruppe. Es verbindet ebenso wie die Streitlinie kognitive Elemente mit körperlichen und räumlichen. Der Raum wird dabei als Medium genutzt.

Positionslinie und Vier-Ecken-Spiel bringen die eigene Person körperlich ins Spiel. Persönliche Position beziehen ist eine ästhetische und mehrdimensionale Ausdrucksform und bedeutet für viele Lernende eine neue ganzheitliche Erfahrung. Beiden Spielformen fehlt allerdings die „So-als-ob-Situation" der Simulationsspiele, die vor der persönlichen Verantwortung für eventuell übernommene oder dargestellte Positionen oder Rollen und der damit verbundenen Identifikation schützt. Positionslinie und Streitlinie sollen ja gerade Ausdrucksformen für eigene Haltungen und das Begründen eigener Meinungen sein.[10]

Ampelspiel

Das Ampelspiel eignet sich dazu, in Einstiegsphasen relativ schnell das Meinungsspektrum oder ein Stimmungsbild in einer Lerngruppe sichtbar zu machen. Jeder Schüler kann durch eine von drei Farbkarten (rot, gelb, grün) zu erkennen geben, ob er spontan einer vom Lehrer (oder von Schülern) vorgetragenen Aussage zustimmt, ob er unentschlossen ist oder ob er sie ablehnt.

Mit diesem Spiel werden kontroverse (Vor-)Ansichten sowie ggf. auch die Komplexität eines Themas deutlich, die anschließend in den weiteren Arbeitsphasen reflektiert und differenziert werden müssen.

Thesenraster

Auf einem Arbeitsbogen werden Thesen vorgelegt, zu denen durch vorgegebene Bewertungsalternativen Stellung genommen werden soll. Die Aufgaben beziehen sich in der Regel auf thesenhaft zugespitzte Problemstellungen. Sie dienen

---

10 Beispiel für eine Anweisung für Schüler*innen: Die Vier-Ecken-Methode, in: Scholz 2000 (9. Aufl. 2020), S. 6.

als methodisches Element in der Problematisierungsphase des Unterrichts, in der die Voreinstellungen und Ansichten der Schülerinnen und Schüler zum Ausdruck kommen sollen. Neben alternativen Antwortmöglichkeiten bieten sich auch Aufgaben an, die eine abgestufte oder differenzierte Stellungnahme erfordern und ermöglichen. Die eigene Meinung wird dann durch Ankreuzen von Items (1-2-3-4-5), (++/+/0/-/--) oder (ganz bestimmt/wahrscheinlich/wahrscheinlich nicht/bestimmt nicht) zum Ausdruck gebracht. Diese Aufgaben, mit denen auch Fragebögen für Umfragen gestaltet werden können, dienen als Einstieg in eine problemorientierte Auseinandersetzung mit einer Kontroverse. Als ein wichtiger Schritt ist der Austausch der individuellen Bewertungen in einer Gruppe vorzusehen. Der Vergleich der Einschätzungen soll Gemeinsamkeiten und Unterschiede hervorbringen und zu einem argumentativen Meinungsaustausch führen. Die Gruppe soll sich dann auf die Formulierung einer bestimmten Anzahl von Hypothesen einigen, die den Ausgangspunkt für weitere Schritte der methodischen Bearbeitung darstellen.[11]

Das Thesenraster stellt einmal (bei „Ja–Nein"-Antworten) eine formale Spielvorlage dar, auf der durch Ankreuzen Fragen entschieden werden. Es ist vergleichbar einem Quiz oder einem Rätsel, bei denen die Antworten, die zunächst Hypothesen darstellen, ebenfalls überprüft werden müssen. Die Überprüfung bezieht sich hier auf bekannten oder neuen Lernstoff.

Thesenraster, die Meinungen mit verschiedenen Graden der Zustimmung oder Ablehnung enthalten und zu einer Position auffordern, erzwingen eine Skalierung von Handlungsmöglichkeiten (z.B. gut geeignet, geeignet, weniger geeignet oder ungeeignet). Dies macht, wenn die Entscheidung in einer Gruppe erfolgt, einen Kommunikationsprozess erforderlich, in dem aus politikdidaktischer Sicht Kommunikationskompetenzen trainiert werden können.

Beide zuletzt genannten Lernarrangements haben einen geringen spieldidaktischen Gehalt. Hier hängt es vor allem von der inneren Einstellung der Lernenden ab, ob sie dieses Lernverfahren als Spiel betrachten.

Aufgrund der einfachen Ausgangskonstruktion (Streit-Thesen und Entscheidungsalternativen) können die Entscheidungsfragen auch von den Lernenden selbst entwickelt und formuliert werden. Dadurch ergeben sich pädagogisch herausragende Chancen, diese stärker in die Unterrichtsthematik und -gestaltung miteinzubeziehen und einzubinden und stärker schülerbezogene Blickwinkel und Perspektiven einfließen zu lassen. Der Motivationsgehalt für den weiteren Lernprozess steigt, wenn die Thesen von Mitgliedern der Lerngruppe stammen.

---

11 Beispiel in: Scholz 2015, S. 19.

Kartenspiel: Thesen- und Spielkarten der Bundeszentrale für politische Bildung

Vom Verfasser wurde das Kartenspiel: „wahlzeit! warum wählen? 56 Thesen- und Spielkarten" entwickelt und über die Bundeszentrale für politische Bildung veröffentlicht (Bundeszentrale für politische Bildung, 2009; von dort auch über das Internet zu beziehen: https://www.bpb.de/system/files/pdf/J7CLRD.pdf, aufgerufen am 07.04.2022).

Es handelt sich hier um ein Spielangebot, das dieser Spielkategorie „Streiten lernen – Auseinandersetzen, argumentieren, streiten, entscheiden" zuzuordnen ist, obwohl „Brett-/Würfel-/Kartenspiele" unter die Gruppe „Wissensspiele" fallen (siehe S. 74 f.). Während es dort in erster Linie um die Aneignung, Vertiefung, Übung und Sicherung von Wissen und von vornherein feststehenden Ergebnissen geht, bieten die „Thesen- und Spielkarten" einen Anstoß zur Auseinandersetzung mit kontroversen Standpunkten und zur Entwicklung eigener Positionen. Sie haben einen offenen, dynamischen Charakter und beinhalten mehrere der in diesem Kapitel vorgestellten kontroversen Spielvorschläge. Auch simulative Verfahren wie Rollenspiele lassen sich mit den Spielkarten realisieren.

Ähnlich wie bei den Spielarrangements „Thesenspiel" und „Thesenprofil" werden auf den 56 illustrierten Spielkarten sowohl bekannte als auch ungewöhnliche Aussagen zum Thema „Wählen" vorgelegt. Die Karten sind nach sieben Wählertypen mit je acht Karten sortiert. Diese acht Karten bestehen aus vier Haupt- und vier Nebenthesen (jeweils ein Quartett): vom Gegner oder Befürworter des Wählens, dem Stammtischstrategen über den informierten Skeptiker bis zur Protest-Nichtwählerin. Neben den gewöhnlichen Quartett- und Schwarzer-Peter-Regeln bieten sechs Spielideen Möglichkeiten für den unterrichtlichen Einsatz in größeren Gruppen oder in der Klasse: „wo stehst du?" – „thesen-bild" – „erzähl mal!" – „kettenredner" – „diese oder jene?" – „thesenfahnder".

Mit den Thesenkarten kann gelernt werden:

- die Vielzahl möglicher Standpunkte zu entdecken
- sich mit fremden Positionen auseinanderzusetzen
- eigene Argumente zu entwickeln
- Gegenargumente zu formulieren
- Zusammenhänge herzustellen
- eigene Meinungen zu vertreten
- sich ein Urteil zu bilden.

Weitere sieben Spielkartensets wurden im Anschluss an die Entwicklung dieses ersten Kartenspiels von der Bundeszentrale für politische Bildung veröffentlicht (siehe: https://www.politische-bildung.de/spiele-puzzle/spiele-einzelanzeige?tx_news_pi1%5Baction%5D=detail&tx_news_pi1%5Bcontroller%5D=News&tx_news_pi1%5Bnews%5D=179&cHash=9952c2e86093cd60d39cba6b00a18e08; aufgerufen am 07.04.2022).

3. Rollen spielen, simulieren, probehandeln

3.1 Simulationsspiele in der politischen Bildung

„Simulare“ (lat.: ähnlich machen, nachbilden, abbilden, darstellen/vorgeben, vorschützen, erheucheln; sich stellen, als ob; Langenscheidts Taschenwörterbuch 1962, 326) deutet auf die charakteristischen Merkmale der Simulation hin: die Nachahmung oder das Ausgestalten einer (offenen) Situation, in die man sich hineinbegibt und spielt.

Die pädagogische Diskussion über Simulationsspiele ist von einer großen begrifflichen Vielfalt und Uneinheitlichkeit gekennzeichnet. In den Sozialwissenschaften wird der Begriff Simulation als weitgefasster Oberbegriff benutzt, der Rollenspiele, Planspiele, Entscheidungsspiele, Konfliktspiele, Konferenzspiele, Computersimulationsspiele u. a. beinhaltet. Die Übergänge zwischen den Spielformen dieser Gruppe und auch zu Spielaktivitäten anderer Spieltypen sind fließend, ergänzen sich zum Teil und werden miteinander kombiniert. So werden im Rahmen eines Rollenspiels oder eines Planspiels oft ein Streitgespräch oder eine Talkshow durchgeführt (zum Beispiel als Abschluss).

Simulationsspiele sind in der Didaktik der politischen Bildung ausführlich konzeptionell, auch unter ideologiekritischen Gesichtspunkten erörtert und praktisch dokumentiert worden. Als einschlägige Spielformen gehören sie zum Kernbestand der Fachdidaktik und -methodik der politischen Bildung. Auch in den Curricula und den Lernmaterialien für den Politik- und Sozialkundeunterricht haben sie einen anerkannten Stellenwert.

Problemhaltige und modellhafte Situation, Übernahme von interessengeleiteten Rollen, regelgeleitetes, spielerisches Rollenhandeln („so tun, als ob“) sind die grundlegenden Merkmale von Simulationsspielen. Sie dienen dazu, durch die Übernahme von Rollen Verhalten, Handeln, Motive, Entscheidungsspielräume, aber auch Zwänge von beteiligten Personen, die sich in Entscheidungssituationen oder Problemkonstellationen befinden, erfahrbar, probehandelnd erlebbar und damit sichtbar sowie reflektierbar zu machen. Damit werden Problemlösungswege erkennbar und nachvollziehbar.

Gemeinsam ist den verschiedenen Formen der Simulation, dass sie auf einem Modell beruhen. Deshalb können nicht alle Gesichtspunkte der Realität wiedergegeben werden, sondern es werden nur diejenigen Zusammenhänge nachgestellt, die für das Spiel relevant sind. Damit erfolgt eine Komplexitätsreduktion und eine Vereinfachung, die die Gefahr der Verfälschung in sich birgt. Im Unterricht ist es deshalb erforderlich, die Unterscheidung von Modell und Wirklichkeit herauszuarbeiten, den Zweck und die Absicht des Spiels (bzw. seines Autors) zu erkennen und einschätzen zu lernen, inwieweit simulierte Problemlösungswege auf die Realität übertragbar sind.

Die Vielfalt der Simulationsspiele unterscheidet sich durch den Grad der Komplexität, der Verregelung, der Formalisierung und der Steuerung des Spielprozesses – vom freien Durchspielen einer offenen Situation bis hin zum strengen Nachspielen eines abgelaufenen Prozesses. Nicht immer ist die Entwicklung von Lösungsmöglichkeiten das Ziel von Simulationen. Einige Spielformen verzichten auf das Herbeiführen einer Lösung. Ihre wichtigste Aufgabe liegt darin, ein Problem oder einen Konflikt zu erhellen, Standpunkte zu verdeutlichen und die Schwierigkeit einer Problemlösung darzustellen.

Die oben erörterten spielpädagogischen Kriterien charakterisieren Simulationsspiele als Spiel. Sie stellen gemeinsam ausgeübte Tätigkeiten einer Anzahl von Personen dar, die in spezifischer Form mit Personen in ihrer Umgebung interagieren. Der Handlungsraum für die spielenden Personen ist zwar eingegrenzt und folgt dem Spiel zugrundeliegenden Regeln, ermöglicht aber auch kreative und spontane Reaktionen und Verhaltensweisen sowie persönliche Entfaltung. Vor allem gewährleistet das spielerische Verhalten ein Probehandeln in einem sanktionsfreien Raum, der für die Beteiligten in der Realität folgenlos bleibt.

Zum Wesen der Spiele gehört es auch, dass sie durchgängig nicht nur als Spiel verstanden werden, sondern, da sie didaktischen Intentionen unterliegen, von den Beteiligten auch als Arbeit und Anstrengungen, etwa bei der Erarbeitung der Rolleninhalte, aufgefasst werden können. In der Mehrzahl überwiegt jedoch – vor allem bei jüngeren Schülerinnen und Schülern – die Freude daran, einen Spielraum durch gespieltes Verhalten individuell auszufüllen.

3.2 Spielformen

Rollenspiel

Entwicklungspsychologisch betrachtet, ist das Rollenspiel eine Grundform menschlichen Verhaltens, das vor allem als individuelles und spontanes Rollen spielen (Vater, Mutter, Kind) bei Kleinkindern zu beobachten ist. Das Spiel, in dem Kinder ihre Umgebung aktiv erleben und erfahren und damit Zusammenhänge und Orientierung gewinnen, ist eine zentrale Methode für Identitätsentwicklung und zur Weltaneignung (vgl. Piaget, Mead).

Das Rollenspiel als ein ganz bestimmtes Simulationsverfahren im Unterricht richtet den Blick auf die Interaktion von Personen, „eine Methode, bei der die Lebenswirklichkeit mit spielerischem Agieren verbunden wird. Alltagssituationen, Probleme oder Konflikte werden im Rollenspiel nachempfunden oder vorausschauend bearbeitet. Ziel dieser Methode ist es, Einstellungen und Verhaltensweisen zu verdeutlichen und Ansatzpunkte für Veränderungen aufzuzeigen. Somit können Rollenspiele die Jugendlichen schulen, ihre soziale Umwelt wahrzunehmen und zu beobachten. Das Nachempfinden der Realität befähigt die Schülerinnen und Schüler, Konflikte darzustellen und zu analysieren. Darüber hinaus können sie eigene Verhaltensweisen bewusst erleben und neue Verhaltensweisen einüben." (Graftstat 2004)

Aus politikdidaktischer Sicht ist damit das Rollenspiel eine spielerische Methode zur Aneignung gesellschaftlicher Wirklichkeit. Die Lernenden versetzen sich in das Denken, Fühlen und Handeln von politisch handelnden Menschen und stellen typisches und/oder abweichendes alternatives Rollenverhalten dar.

Zwei Formen, die ineinander übergehen können, lassen sich unterscheiden:

a) das *freie assoziative Rollenspiel*: Innerhalb eines vorgegebenen Themas entwickeln die Lernenden die Spielhandlung, die Dramaturgie sowie die Situation und bestimmen ggf. auch die handelnden Personen.

b) das *gebundene Rollenspiel*: Situation, Handlung, Dramaturgie sowie die handelnden Personen sind weitestgehend vorgegeben; das Spiel stellt eine Situation nach.

Das Rollenspiel ermöglicht es, soziale Erfahrungen zu machen, eigene Einstellungen und Gefühle zu erkennen und zu verstehen. Durch die Übernahme anderer Rollen können Perspektivenwechsel und Empathie erfolgen. Sichtweisen und Interessenlagen anderer können erkannt und verstanden werden. Gleichzeitig können bei antizipierenden Rollenspielen Folgen, Reaktionen und Verhaltensformen auf mögliche Entscheidungen vorweg durchgespielt und erkannt werden. Rollenspiele können dazu beitragen, die Fähigkeit zur Beobachtung und zur sozialen Wahrnehmung weiterzuentwickeln. Sie bieten herausragende Übungsmöglichkeiten für eine Differenzierung der Wahrnehmung, Interpretation und Argumentation, in denen kommunikative Fähigkeiten geschult und an realitätsnahen Beispielen trainiert werden können. Konflikte in Beziehungen können dargestellt und reflektiert und neue oder alternative Verhaltensweisen eingeübt werden. Gesellschaftliche und soziale Zusammenhänge, in denen individuell erlebte Erfahrungen und Probleme stehen, können transparent gemacht werden. Rollenspiele dienen damit gleichwohl der Sensibilisierung für eigenes Verhalten als auch für Prozesse in der zwischenmenschlichen Kommunikation.

Sie bieten Chancen zum Erwerb von Kompetenzen wie Kommunikationsfähigkeit, Kompromissbereitschaft und Toleranz damit zu einer Steigerung der Urteilsfähigkeit und politischer Handlungskompetenzen.

Das Rollenspiel verfolgt im Politikunterricht didaktisch begründete Zielsetzungen. Es eignen sich sowohl Konflikte und Ereignisse aus dem Lebens- und Erfahrungsbereich der Schülerinnen und Schüler als auch aus dem Bereich der alltäglichen Politikwahrnehmung. Die durch das Rollenspiel symbolisierte Situation sollte repräsentativ sein und typische individuelle, soziale, gesellschaftliche oder politische Probleme oder Konflikte aus der Alltagswelt zum Gegenstand haben. Dabei werden die Komplexität der sozialen Wirklichkeit reduziert, aber typische relevante Teilaspekte der Problems besonders herausgehoben. Auf nebensächliche Aspekte wird verzichtet.

Um Rollenspiele in solchen Situationen und Rollen spielen zu können, die außerhalb des Erfahrungsbereichs der Schülerinnen und Schüler liegen, sind genaue Material- und Rollenvorgaben notwendig, um den Handlungsrahmen der zu spielenden Akteure den Rollenspielern zu vermitteln. Rollenspiele müssen vier wichtigen Anforderungen genügen:

1. Die durch das Rollenspiel symbolisierte Situation muss repräsentativ sein und typische soziale, gesellschaftliche oder politische Probleme oder Konflikte der Alltagswelt zum Gegenstand haben.
2. Die Komplexität der sozialen Wirklichkeit muss reduziert und dadurch transparent werden. Auf nebensächliche Aspekte muss verzichtet werden.
3. Die typischen Teilaspekte des Problems oder Konflikts werden im Rollenspiel besonders hervorgehoben und akzentuiert.
4. Das Rollenspiel verfolgt einen bestimmten didaktischen Zweck und hat einen intentionalen Charakter (vgl. Massing 1998, 15).

Planspiel

Der englische Begriff *simulation game* verdeutlicht das Wesen des Planspiels und verweist auf das Charakteristikum. Spielteilnehmer interagieren (im *game*) mit einem Simulationsmodell (der *simulation*). Gegenstand des Planspiels ist „ein tatsächlicher oder fingierter objektiver Konflikt, der durch die Interaktion von Gruppen zu einer Lösung bzw. Entscheidung gebracht werden soll“ (Giesecke 1975, 82). Das Problem selbst stellt allerdings ein vereinfachtes Modell der Wirklichkeit dar und ist deshalb in seinen Strukturen, Bezügen und Verflechtungen reduziert.

Während im Rollenspiel (*game* bzw. *role-play*) die simulierte Umwelt fehlt, individuelle Rollenkonflikte von Einzelpersonen („individualisiertes Rollenspiel“)

thematisiert werden und sich die Rollenspieler mit bestimmten Personen identifizieren, werden im Planspiel kollektive Interessen und Interessengegensätze von Gruppen artikuliert und ausgetragen. Im Vordergrund stehen Positionen von im Planspiel vorgegebenen politischen oder gesellschaftlichen Gruppen, Institutionen, Organisationen etc., die übernommen und vertreten werden. Im Gegensatz zum Rollenspiel sind die Rahmenvorgaben für das Rollenverhalten aufgrund der Interessenlage der repräsentierten Gruppen enger und eindeutiger vordefiniert. Die Gruppen entwickeln differierende Strategien und bestimmte Taktiken, um die eigene Position durchzusetzen und das Problem oder den Konflikt in ihrem Sinne zu lösen. Die Rollenspielkomponente ist so auch immer Teil eines Planspiels.

Planspiele dienen als Übungsfelder für die Vermittlung von Qualifikationen wie „Planen und Entscheiden, Disponieren und Organisieren, Kommunizieren und Zusammenarbeiten, Argumentieren und Verhandeln, Probleme analysieren und Probleme lösen (Klippert 2000, 20). Improvisation, Kontroversität, Flexibilität, Kreativität, Spontaneität, aber auch ernsthaftes inhaltlich-fachbezogenes Lernen (vgl. ebd.) stehen im Zentrum. Rollen- und Planspiele stellen „eine spielerische Methode zur regelgeleiteten, absichtsvollen Nachahmung von Konflikten und Entscheidungsprozessen“ (Kuhn 2000, 165) dar. Die didaktische Grundstruktur dieser Simulationsspiele besteht darin, die Lernenden in einer modellhaften Entscheidungssituation mit „einer Konflikt- oder Problemsituation (zu konfrontieren), die aus der Interessenposition einer übernommenen Rolle durch spielerisches Handeln zu einer Lösung geführt werden soll“ (Buddensiek 1999, 370). Sie orientieren sich dabei sowohl an den gesellschaftlichen und sozialen Rahmenbedingungen, denen die Kontrahenten unterliegen, als auch an den individuellen Interessen und den vermuteten Positionen und Zielvorstellungen der Akteure.

Planspiele beanspruchen mehr Zeit als Rollenspiele und laufen nach engeren Regeln ab. Die Spielregeln können z.B. festlegen, ob nur schriftlich oder auch mündlich kommuniziert werden darf. Dem Spielleiter oder der Spielleitung wird eine bedeutende Funktion beigemessen. Über ihn/sie läuft die Interaktion zwischen den Gruppen. Wichtig ist, dass sich die Schülerinnen und Schüler umfassend in die Interessenlagen der einzelnen Gruppen einarbeiten und verschiedene Kommunikations- und Handlungsstrategien entwickeln. Das erfordert die Bereitstellung von Materialien, die die Ausgangslagen der Akteure dokumentieren (vgl. Scholz 1996).

Als spielerische Lernarrangements können Rollen- und Planspiele zum Erwerb politischer Urteils- und Handlungskompetenzen, Kommunikations- und Kooperationsfähigkeiten, methodischer und strategischer Kompetenzen betragen. Dieser spielerische Lernprozess ist verknüpft mit der Aneignung von

Sachwissen und Sachkompetenz. Rollen- und Planspiele können deshalb einen bedeutenden Beitrag zu mehreren Kompetenzbereichen, die politische Bildung anstrebt, leisten.[12]

Obwohl Planspiele durchweg zum festen Bestandteil in den Fachcurricula als Methode vorgesehen sind, werden sie im Sozialkunde-/Politikunterricht selten durchgeführt. Zwar fehlen empirische Untersuchungen, doch Beobachtungen stützen die Annahme, dass Planspiele methodische Ausnahmen darstellen und, in der Regel auf die Oberstufe beschränkt, nur in besonderen Unterrichtsvorhaben (Projektwochen) oder in Kooperation mit außerschulischen Partnern (z.B. Jugendoffiziere der Bundeswehr bei dem Planspiel POLIS) durchgeführt werden.

Warum Planspiele so wenig im Unterricht realisiert werden, hat mehrere Gründe. Neben dem eher organisatorischen Ursachen, wie größerem Zeitaufwand, sind viele Planspiele so komplex, anspruchsvoll und umfassend, dass sie selbst den Rahmen von flexiblen Unterrichtsabläufen sprengen. Die Schülerinnen und Schüler sind dabei oft überfordert. Werden Planspiele dagegen zu stark vereinfacht, besteht die Gefahr, dass politische Wirklichkeit simplifiziert wird und verfälschte Auffassungen über Politik entstehen.

Eine nicht minder bedeutsame Ursache für die geringe Verbreitung von Planspielen liegt in den mangelnden Erfahrungen von Lehrerinnen und Lehrern in der Durchführung von Planspielen. Die Vorbehalte gegenüber Planspielen schwinden in dem Maße, wie Spielerfahrungen gesammelt werden. Hier liegt eine bedeutsame Aufgabe der Lehrerfortbildung, praktische Erfahrungen zu vermitteln. Dabei sollte der Schwerpunkt auch auf die Entwicklung von Planspielen gelegt werden, die vereinfacht, aber sachlich nicht verfälschend sind, sodass sie sowohl den Lernvoraussetzungen der Schülerinnen und Schüler genügen, als auch so handhabbar und praktikabel gestaltet sind, dass sie im Rahmen des Schulunterrichts durchführbar sind.[13]

Der Einsatz von Computern und digitalen Kommunikationsformen gewinnt in den letzten Jahren immer mehr an Bedeutung. Sie eröffnen neue Chancen für den Einsatz von Planspielen im Unterricht, der Integration neuer Medien und des Erwerbs einer zeitgemäßen Medienkompetenz.[14]

---

12 Vgl. auch Katharina Mark: Demokratie spielerisch lernen und erfahren. Das Planspiel im Sozialkundeunterricht. München, 2009.

13 Die Bundeszentrale für politische Bildung bietet eine umfassende Datenbank „Planspiel" an: https://www.bpb.de/lernen/formate/planspiele/ (aufgerufen am 26.08.2021).

14 Nina Thoß: Computerspiele. In: Anja Besand/Wolfgang Sander (Hg.), Handbuch Medien in der politischen Bildung (S. 124-132). Schwalbach/Ts. 2010.

Digitale Spiele, die nicht bloß zur Unterhaltung entwickelt wurden, sondern auch Wissen und Kompetenzen vermitteln sollen, firmieren auch unter dem Begriff *Serious Games*. Sie sollen Spaß machen und gleichzeitig Informationen und Bildung vermitteln. Wie ein *Serious Game* aussehen kann, zeigt das webbasierte „Lern- und Erfahrungsspiel „EINLEBEN – wieviel soziale Herkunft steckt in Zukunft?" der Heinrich-Böll-Stiftung.[15]

Talkshow

Über das Fernsehen vermittelt, stellt die Talkshow eine Methode dar, mit der viele Schülerinnen und Schülern eine Vorstellung verbinden. Wie der Begriff ausdrückt, vereint eine Talkshow die Kommunikationselemente Gespräch und Show/Schau. Die Talkshow ist eine mediale inszenierte Gesprächsrunde, die den dramaturgischen Regeln von Unterhaltungssendungen unterliegt. Je nach Thema und Sparte stehen einmal mehr die Unterhaltung (Show) oder mehr die Meinungsbildung der Zuschauer (Talk) im Mittelpunkt der Absichten einer Talkshow. Auch der Grad der Polarisierung und des Meinungsstreites ist von Sendung zu Sendung sehr unterschiedlich.

In einer Talkshow, die als Simulationsspiel im Unterricht eingesetzt werden soll, sollen kontroverse gesellschaftliche Themen durch offene und lebendige Gespräche von verschiedenen Gesprächsteilnehmern unter der Moderation eines Diskussionsleiters erörtert werden. Die Schüler schlüpfen dabei in bestimme Rollen, auf die sie sich im Unterricht vorbereitet haben. Es sollte darauf geachtet werden, dass, wenn eine Orientierung an Fernsehproduktionen erfolgt, seriöse

---

15 https://www.boell.de/de/einleben. Siehe auch die weiteren Planspiele der Heinrich-Böll-Stiftung: https://www.boell.de/de/zusammen-planspiele-im-kurzformat (aufgerufen am 26.08.2021); siehe auch: https://www.lmz-bw.de/medien-und-bildung/jugendmedienschutz/digitale-spiele/computerspiele-im-unterricht/ (aufgerufen am 26.08.2021). Vgl. auch Harald Gapski, Monika Oberle, Walter Staufer (Hg.): Medienkompetenz – Herausforderungen für Politik, politische Bildung und Medienbildung. Bonn 2017, Schriftenreihe 10111 Bundeszentrale für politische Bildung. Konstantin Kaiser/Simon Raiser/Björn Warkalla (2017): Digital ist anders – Onlineplanspiele in der politischen Bildung, in: Andreas Petrik/Stefan Rappenglück (Hg.): Handbuch Planspiele in der politischen Bildung, Schwalbach/Ts. 2017. Zum Einsatz digitaler Spiele als Lernmedium in der politischen Bildung: Marc Motyka: Politik-Lernen mit digitalen Spielen, https://www.bpb.de/lernen/digitale-bildung/medienpaedagogik/medienkompetenz-schriftenreihe/257622/politik-lernen-mit-digitalen-spielen (aufgerufen am 10.03.2021). Zum Einsatz digitaler Spiele als Lernmedium in der politischen Bildung: Marc Motyka: Politik-Lernen mit digitalen Spielen, https://www.bpb.de/lernen/digitale-bildung/medienpaedagogik/medienkompetenz-schriftenreihe/257622/politik-lernen-mit-digitalen-spielen (aufgerufen am 10.03.2021).

TV-Sendungen als Vorbilder dienen und grundlegende Elemente eines rationalen politischen Diskurses Anwendung finden.

Bezogen auf den Politikunterricht sollen im Unterschied zu Rollen- und Planspiel in einer Talkshow vor allem bestimmte inhaltliche Positionen und Haltungen dargestellt werden. Nicht die Identifikation mit konkreten Personen oder mit Rollen gesellschaftlicher Gruppen oder Organisationen steht im Vordergrund, sondern die pointierte Vertretung inhaltlicher Standpunkte. Die Talkshow kann einerseits den Zugang zur Auseinandersetzung mit politischen Themen erleichtern. Sie kann eine motivierende und belebende Abwechslung in den Unterricht bringen, kann Spaß bereiten und Aufmerksamkeit für sonst eher trockene Themen erzeugen.

Der Auswertung der Talkshow kommt deshalb eine ganz besondere Bedeutung zu. Da die Methode durch ihre Spielcharakteristik den Eindruck entstehen lässt, dass die Meinungen und Inhalte beliebig nebeneinanderstehen können, ist eine metakommunikative Auseinandersetzung immer notwendig. Die Teilnehmer und Teilnehmerinnen präsentieren nämlich zuvor erarbeitete Positionen pointiert, prägnant, zugespitzt und bisweilen mit einer gehörigen Portion Selbstdarstellung und Showtalent und werden durch die Methode nicht veranlasst, Kompromisse oder Zugeständnisse zu suchen oder eine gemeinsame Konfliktlösung anzustreben.

Die Unterhaltungsfunktion der Talkshow verweist auch gleichzeitig auf die Gefahren und Schwächen dieser Methode. So wichtig ihre Attraktivität sein kann, so problematisch ist die „Verknüpfung von Politik und Unterhaltung sowie … (die) Verdoppelung fernsehvermittelter politischer Realität“ (Massing 1998, 43 f.). Deshalb sollte die Talkshow sehr behutsam und nach gründlicher didaktischer Abwägung eingesetzt werden.

Tribunal

Im Unterschied zu Rollen- oder Planspiel werden im Tribunal Handlungen nicht simuliert, sondern bereits vollzogene reale politische Ereignisse, Handlungen, Geschehnisse oder Konflikte beurteilt. Trotzdem handelt es sich bei dem Tribunal um ein Simulationsspiel. Denn simuliert wird eine Gerichtsverhandlung. Die Schülerinnen und Schüler übernehmen Rollen und damit parteiische Positionen, wie sie in einem Gerichtsprozess auftreten: Ankläger, Verteidiger, Angeklagte, Zeugen, Richter. Damit können unterschiedliche Blickwinkel und Perspektiven erschlossen und argumentativ ausgetauscht werden. Ein Tribunal dient dazu, „politischen Zuständen spielend den Prozess (zu) machen“ (Giesecke 1975, 91).

Prinzipiell können alle Themen Gegenstand eines Tribunals sein. Voraussetzung ist die gründliche Erarbeitung der Thematik durch die Schülerinnen und Schüler. Die Ereignisse, deren Ursachen sowie die Interessen der Beteiligten müssen bekannt sein, damit Positionen bezogen werden können. Ausreichende Materialien müssen deshalb zur Verfügung gestellt werden. Auch das formale Prozedere einer Gerichtsverhandlung sollte den Schülerinnen und Schülern geläufig sein.

Giesecke betont, dass es nicht Aufgabe der Verhandlung ist, abschließend ein Urteil zu fällen. „Es wäre folgenlos und somit bloß ‚Spielerei'. Zweck dieser Methode ist vielmehr, sich ein Problembewusstsein unter dem Aspekt einer bestimmten Parteiung zu erarbeiten, wobei dieser Standpunkt aus rein methodischen Gründen bezogen wird, nicht aus Gründen der persönlichen Identifikation" (ebd., 93).

Wie bei einem Planspiel werden auch bei dem Tribunal neben der intellektuellen Arbeit am Thema die Fähigkeiten zur Kooperation, zum Perspektivenwechsel sowie argumentative und strategische und Kommunikationskompetenzen trainiert. Ebenso wie das Planspiel hat das Tribunal eine geringe Verbreitung im Politikunterricht. Die Gründe für diesen Mangel an Realisierung dürften für das Tribunal noch deutlicher zutreffen als für das Planspiel.

Hearing, simulierte Expertenbefragung, simulierte Podiumsdiskussion, fiktives Interview

Im Politik- und Sozialkundeunterricht stellen Hearing, Expertenbefragung und Podiumsdiskussion methodische Verfahren dar, mit denen unterschiedliche Sachaspekte eines Themas von Gruppen intensiv erarbeitet und simulativ in einem Rollenspiel präsentiert werden. Unterschiedliche (gesellschaftliche) Interessen werden artikuliert und Kommunikationsformen geübt (z.B. Erarbeitung einer Stellungnahme).

Diese Spielformen stellen eine Weiterführung des Rollenspiels dar. Die Schüler und Schülerinnen schlüpfen in die Rolle von Experten, Diskussionsteilnehmern eines Podiums oder eines Reporters, um den Verfasser oder eine Person, die in einem Text eine Rolle spielt, zu befragen (fiktives Interview). Beide Seiten werden von den Lernenden gespielt: Sachverständige und Befragende sind jeweils Rollenspieler.

Bei Hearing, Expertenbefragung und Podiumsdiskussion werden jeweils unterschiedliche fachliche Perspektiven eines Themas vorgetragen und auf Nachfrage erläutert und ergänzt. Während bei der Podiumsdiskussion eher der Diskussionscharakter vorherrscht, steht bei den beiden anderen Spielformen der

Vortrag und die Präsentation von Stellungnahmen zu einer Entscheidungsfrage sowie das Frage-Antwort-Spiel mit dem Publikum im Vordergrund.

Ein fiktives Interview stellt im Grunde eine spielerische Form von Texterarbeitung, Texterschließung und Textinterpretation dar. „Ein fiktives Interview kann die Auseinandersetzung mit der Quelle ergänzen, vertiefen, neue Aspekte sichtbar machen, sodass der konkrete Horizont der Quellen überschritten wird, folglich implizit auch ihr fragmentarischer Charakter deutlich wird. Gefordert sind Einfühlungsvermögen, kritisches Hinterfragen, verbale Hartnäckigkeit in der Reporterrolle, Leistungen der Phantasie, rollengerechte Körpersprache und Spontaneität" (Janssen 1999, 15 f.). Wie jedes Simulationsspiel muss auch das fiktive Interview gründlich vorbereitet und kritisch reflektiert werden.

4. Interagieren, kommunizieren, kooperieren

4.1 Interaktions- und Kooperationsspiele

„Interaktion (lat.) bezeichnet die wechselseitigen Orientierungen sozialer Handelnder aneinander. Interaktionen verlaufen nicht zufällig und chaotisch, sondern im Rahmen von Handlungsmustern, die aus Werten und Normen, Institutionen, Rollen und Symbolen konstituiert werden“ (Reinhardt 1999, 114). Interaktion und Kommunikation bedingen sich gegenseitig.

Unter Kommunikation wird der Austausch von Mitteilungen aller Art zwischen Personen verstanden. Damit ist nicht nur das Sprechen gemeint, sondern auch Gesten, Mimik, Körperhaltung, auch Schweigen. Gesten oder Mienen sagen mehr darüber aus, „wie ein anderer über uns denkt, als hundert Worte“ (Watzlawick/Beavin/Jackson 1980, 63). Kommunikation findet nach diesem Verständnis überall dort statt, wo Menschen zusammenkommen.

Wenn Menschen miteinander kommunizieren, müssen sie interagieren; ebenso müssen sie kommunizieren, wenn sie interagieren. Je nachdem, welcher Aspekt des zwischenmenschlichen Geschehens im Vordergrund steht, wird in Wissenschaft, aber auch in Praxisfeldern einmal der eher kommunikative Aspekt (Wahrnehmung und Interpretation von Zeichen), ein anderes Mal der interaktionelle Aspekt (Austausch von Zeichen und wechselseitige Reaktion) hervorgehoben. In dem ersten Fall wird von Kommunikation, im zweiten Fall von Interaktion gesprochen, als weiter Begriff verstanden, der Kommunikation miteinschließt.

Interaktionserziehung (Gudjons 1997) oder Interaktionspädagogik (Fritz 1993 [b], 36 ff.) bezeichnen die auf Erziehung und Lernen gerichteten Vorstellungen, die das Verhalten der Lernenden im direkten Kontakt zueinander (Sozialverhalten) zum Gegenstand haben. Sie zielen ab auf eine Erziehung zur interaktiven Kompetenz durch das Mittel und Medium der Interaktion. Die (Selbst-)Erfahrung der Beteiligten in ihrem eigenen, unmittelbaren zwischenmenschlichen Handeln, das sich Selbst-Kennenlernen in Interaktionsprozessen und die Wahrnehmung der Reaktionen der Partner stehen im Mittelpunkt.

Die Interaktionspädagogik bewertet das Spiel als eine grundlegende Methode zur Förderung der Kommunikation und Kooperation. Die Handlungen in diesen Spielen basieren auf Tätigkeit, Interaktion und Kommunikation von

Individuen mit ihrer Umwelt. Sie ermöglichen mehrdimensionale, ganzheitliche Erfahrungen, mit denen sowohl die Eigenwahrnehmung als auch das Zusammenleben mit anderen bewusster reflektiert werden kann.

Kooperation wird aus erziehungswissenschaftlicher Sicht als eine zentrale Grund- oder Schlüsselqualifikation charakterisiert, die durch bildungstheoretische und betriebspädagogische Prämissen gestützt wird. Heranwachsende sollen in der Schule lernen, Prozesse des Lernens auf einer sachlichen Ebene – gemeinsame Erarbeitung eines Lernergebnisses, eines „Lernprodukts“ – und auf einer sozialen Ebene – Gestaltung von zwischenmenschlichen Beziehungen – zu vollziehen.

Das Spiel als eine Form kommunikativen Handelns kann geradezu als optimales Medium dafür angesehen werden, soziales Lernen fördernde Interaktionen und Verhaltensweisen sanktionsfrei zu erproben. Es eröffnet kreative Spiel- und Handlungsräume, erlaubt Spontaneität und persönliche Ausgestaltung, ist offen und dynamisch und ermöglicht Lernfreude.

Auch im Unterricht konstituieren sich aus konstruktivistischer Perspektive fachliche Unterrichtsinhalte erst über Interaktions- und Kommunikationsprozesse.[16] In der Auseinandersetzung der Lernenden mit dem Inhalt entfalten diese ihre subjektiven Bildungs- und Deutungsgehalte. Ziel ist es, durch eine bewusste Gestaltung des Kommunikations- und Interaktionsverhaltens eine Gesprächskultur herbeizuführen, die den Erwerb von personalen und sozialen Kompetenzen fördert. Die Stärkung von Selbst- und Sozialkompetenz als eine wichtige Aufgabe der politischen Bildung, vor allem in der Schule, bezieht sich damit auch auf die Gestaltung interaktiver Lernprozesse in Gruppen mit dem Ziel, zwischenmenschliche Beziehungen produktiv zu gestalten und insbesondere soziale Tugenden erfahrbar und erlebbar zu machen.

Entscheidende Voraussetzung für die Erreichung der mit diesen Spielen verbundenen Zielsetzungen ist ein von gegenseitigem Vertrauen und Anerkennung geprägtes Gruppenklima, das Diskriminierungen und Bloßstellungen ausschließt. Von seitens der Lehrkraft wird ein großes Einfühlungs-

---

16 Kommunikation wird aus konstruktivistischer Sicht als „Orientierungshandeln interagierender Kommunikationspartner“ (Krüssel 1999, 96) verstanden. Paul Watzlawik betont, „dass die sogenannte Wirklichkeit das Ergebnis von Kommunikation ist“ (Watzlawik 1969, 7) und Luhmann erklärt, dass soziale Systeme eine Ansammlung von Kommunikationen (Handlungen, Rollen, Motive) sind und nicht von Menschen (vgl. Luhmann 1996, 191 ff.).

vermögen und eine sensible Moderation bei der Initiierung, Begleitung und Auswertung der Spiele verlangt. Gerade die Auswertungsphasen und Reflexionen sind auch bei diesen Spielen von großer Bedeutung.

Damit ändert sich auch die Lehrerrolle erheblich: vom Wissensvermittler und Gesprächslenker zum Lernbegleiter und Moderator von Gruppenprozessen. Lehrerinnen und Lehrer werden zu Experten des „Beziehungslernens", die in der Lage sind, Gruppen zu leiten, den Lernenden Selbst- und Gruppenerfahrungen zu ermöglichen, verantwortungsvoll mit den Einzelnen und mit der Gruppe als Ganzes umzugehen, auf die Dynamik und Prozesse zu achten und somit das Lernen der Einzelnen und der Gruppe zu fördern. „Aus einer ‚belehrten Klasse' wird eine ‚lernende Gruppe'" (Miller 1997, 82).

Als übergeordnetes Ziel streben die spielerischen Lernangebote in diesem Kapitel die Entwicklung von Sozial- und Selbstkompetenz an, die Voraussetzung für Demokratiekompetenz sind. Im Zentrum steht der Erwerb von Ich-Kompetenz in Verbindung mit sozialen Kompetenzen: neben der Stärkung von Identität und Selbstwertgefühl können dabei Toleranz, Kooperation, Abbau von Vorurteilen, Empathiefähigkeit und Solidarität angebahnt werden.

4.2 Spielformen

Das aktuelle Angebot an Interaktions-, Kooperations- und Kommunikationsspielen und entsprechenden spielerischen Übungen ist außerordentlich vielfältig und unübersichtlich. Die folgende Unterscheidung kann aus unterrichtspragmatischer Sicht für den Politikunterricht hilfreich sein.

Allgemeinpädagogische Interaktions- und Kommunikationsspiele

Diese Spielformen sind fachunspezifisch und weisen über den Fachunterricht hinaus. Sie bieten jedem Lehrer und jeder Lehrerin einen breiten Fundus interaktionspädagogischer Spielanregungen, die sich um die Förderung sozialer Lernprozesse, um ein ausgewogenes soziales Klima, um die Reflexion und Bearbeitung von Konflikten und um Toleranzerziehung bemühen. In der herkömmlichen fachorientierten Unterrichtsorganisation werden diese Spielformen überwiegend in außerfachlichen schulischen Veranstaltungen eingesetzt (Wanderwochen, Klassen- oder Studienfahrten, spezielle Stunden für Klassenlehrer etc.). Als Spielformen können hier unterschieden werden:

- Vorstellungs- und Kennenlernspiele: Warming-up, Vertrauen, Offenheit, Echtheit

- Interaktions- und Kommunikationsspiele im engeren Sinne: Wahrnehmung, Beobachtung, Kommunikation, Kooperation
- Spiele zu Selbst- und Fremdwahrnehmung: Sich selbst und andere kennen lernen
- Rollenspiele und Planspiele: Rollenverständnis und Normen
- Metakommunikation und Feedback
- Kooperation- und Entscheidungsspiele
- Kreativität, Spontaneität, Phantasie
- Abschied, Ende einer Gruppe (vgl. Gudjons 1997; Fritz 1993).

Spiele zur kooperativen Kommunikation im Unterricht

Auch diese Lernformen sind fachunabhängig, bieten aber auch vor allem für einen kommunikationsintensiven Politik- und Sozialkundeunterricht gute Möglichkeiten, spielerisch schülerzentrierte Kommunikation zu arrangieren. Die Kommunikation im Unterricht (Austausch von Lernergebnissen, Entwicklung von Fragestrategien und Arbeitsvorhaben) ist dabei nicht auf den Lehrenden bezogen (traditionelles Lehrer-Schüler-Gespräch), sondern erfolgt unter den Lernenden selbst. Als Beispiele sind zu nennen:

- Gruppen-Puzzle (vgl. Scholz 2000 (9. Aufl. 2020), 24 f.)
- Fish-Bowl (Scholz 2000 (9. Aufl. 2020), 26)
- Rotierendes Partnergespräch (Scholz 2000 (9. Aufl. 2020), 4 f.).

Interaktionsspiele zu Themen des politischen Unterrichts

Diese Spiele beziehen sich auf Themenstellungen des Politikunterrichts. Sie können in den unterschiedlichen Unterrichtsphasen eingesetzt werden. Voraussetzung ist, dass sie in die didaktische und methodische Zielsetzung und Struktur des geplanten Unterrichtsprozesses integriert werden und anschlussfähig an die kognitiven Strukturen der Lernenden sind. Die Themenfelder beziehen sich meist auf Bereiche des Sozialen Lernens:

- Aggression, Gewalt, Rassismus, Fremdenfeindlichkeit
- Interkulturelles Lernen
- Geschlechterverhältnis
- Toleranz
- Werte, Normen
- Konflikte, Konfliktbearbeitung, Deeskalationstraining, Mediation
- Soziales Lernen
- Persönlichkeitsentwicklung, Identität, Selbstwahrnehmung.

Besonders hingewiesen sei auf folgende, ältere Programme und Konzepte für das Training sozialen Lernens sowie die hervorragenden Dilemmata-Materialien: Miteinander – Erfahrungen mit Betzavta (Bertelsmann-Stiftung 1997), Eine Welt der Vielfalt (A World Of Difference) Bertelsmann-Stiftung 1998), Erwachsen werden (Lions Quest 1984) sowie Detto und andere (Lippit/Fox/Schaible 1975).

Spielerische Verfahren zur Gestaltung von Kommunikations- und Interaktionsprozessen überschneiden sich im Bereich der politischen Bildung mit den in Kap. 2.2 (insbesondere Pro- und Contra-Debatte) dargestellten Spielformen. In diesen steht aber weniger das soziale Lernen im Vordergrund, sondern das diesbezügliche kommunikative Arrangement soll Gelegenheit bieten, kontroverses Denken und sachbezogenes Kommunizieren (Streit- und Entscheidungsspiele, Kap. II.2.2) zu üben sowie Lernergebnisse anregend darzustellen (Kap. II.6.2 und Kap. II.7.2).

5. Wissen spielerisch aneignen, festigen und anwenden

5.1 Wissensspiele

„Es scheint eine menschliche Grunddisposition zu geben, Überraschungen aufzusuchen, Geheimnisse zu enthüllen, Neugierde zu spüren, Rätselhaftes zu entschleiern, entstandenen Wissensdurst zu stillen, den Lernanreiz einer unvermuteten pädagogischen Überraschung anzunehmen und durch seine Lösung abzubauen" (Wehner 1996, 216).

Dieses Bedürfnis befriedigen spielerische Handlungsformen, die in den letzten Jahren eine große Verbreitung in Arbeitsmappen und neueren Schulbüchern, auch für den politischen Unterricht, gefunden haben. An erster Stelle sind hier Rätsel- und Quizformen zu nennen. Aber auch Puzzle, Lückentexte, Brett- und Würfelspiele gehören inzwischen zum methodischen Repertoire vieler Arbeitshefte und online-Angebote. In anderen Unterrichtsfächern (z.B. Fremdsprachen, Geschichte oder Geographie) haben diese Lernaktivitäten eine längere Tradition. Im Gegensatz dazu hat sich die politische Bildung mit diesen Lernformen noch nicht sehr eingehend befasst.

Beiträge und praktische Spielbeispiele und -materialien für die politische Bildung wurden vor allem von Mitarbeitern der Landeszentrale für politische Bildung in Baden-Württemberg verfasst. Mehrfache Hinweise auf die Bedeutung dieser Spielformen für die politische Bildung wurden beispielsweise von Siegfried Schiele („Bringt Leben in die Bude!" Schiele 1993, 72ff.) gegeben. Seitdem sind eine Vielzahl von Praxisbeispielen von dieser Landeszentrale, der Bundeszentrale für politische Bildung, einschlägigen Verlagen (z.B. Auer), pädagogischen und kirchlichen Organisationen erschienen, die verschiedene Arbeitsmaterialien in dieser Kategorie Wissensspiele anbieten. Heutzutage gibt es kaum ein Schulbuch oder Arbeitsheft (für die Sekundarstufe I), das Themenstellungen nicht mit Rätseln und Quizformen bearbeiten lässt. Auch als separate Lernmaterialien werden Rätselhefte, Puzzle und Brettspiele veröffentlicht.[17]

---

17 Vgl. https://www.lpb-bw.de/spiele (aufgerufen am 06.04.2022).

Aus wissenschaftlicher Sicht hat sich Michael Wehner in seiner Dissertation mit „Quizformen" als Element einer Edutainment-Didaktik ausführlicher auseinandergesetzt (Wehner 1996). Georg Weißeno hat im Lexikon der Politischen Bildung, Bd. 3, diese Lernformen knapp erläutert (Weißeno 2000).

Die relativ geringe Befassung der Fachdidaktik mit Rätsel, Quiz, Puzzle legt die Vermutung nahe, dass besonders diese Lernarrangements keinen besonderen Stellenwert genießen. Vielleicht stehen sie unter einem stillschweigenden fachdidaktischen Banalitätsverdacht. Die Beschäftigung mit ihnen könnte angesichts der intellektuellen Dimensionen der politischen Bildung als eine wenig ernsthafte und anspruchsvolle Auseinandersetzung mit politischen Themenstellungen erscheinen. Die in weiten Teilen dominierende kognitiv-rationale Ausrichtung politischen Lernens mit dem Anspruch der Analysefähigkeit, Urteils- und Handlungskompetenz lässt sich nach Auffassung der Kritiker nicht vereinbaren mit den spielerischen Elementen von Rätseln, Puzzle und Quiz (siehe S. 66). Obwohl grundsätzliche didaktische Bedenken weiter bestehen, ist ein breites Angebot an Unterrichtsmaterialien entstanden, die auf interessante und motivierende Form den Erwerb von Wissen mit spielerischen Rätselformen und Denksportaufgaben fördern wollen.

Rätsel, Quiz, Legespiele, Brett-, Würfel- und Kartenspiele beruhen im Unterschied zu anderen hier erörterten Spielformen auf formalen Spielfiguren, die als Vorlage und Spielmaterialien für die Spiele dienen. Viele dieser Spielaktivitäten verfolgen keinen anderen Zweck als den des Spielens: Kreuzworträtsel lösen, Memory spielen, ein Puzzle zusammenfügen, ein Brettspiel in der Familie spielen wird um des Spielens willen gespielt. Die Merkmale des freien Spiels treffen hier weitgehend zu (Erholung, Entspannung, Geselligkeit, Abwechslung, Wettbewerb etc.). Diese Spiele sind integraler Bestandteil einer Freizeitkultur, die in allen Bevölkerungsgruppen, privat und öffentlich (TV-Quizsendungen) und in allen Altersschichten gespielt werden. Die meisten dieser Spielprozesse weisen eine originäre, ursprüngliche Spielcharakteristik auf, sodass sich Spielfreude, Versenkung in das jeweilige Spiel und Selbstvergessenheit einstellen können (Flowerlebnis).

Da diese Spiele ohne Inhalte und zum Teil auch ohne Interaktion und Kommunikation aber nicht denkbar sind, ergeben sich auch für die politische Bildung erhebliche didaktische Chancen. Ausgefüllt mit inhaltlichen Elementen aus dem Bereich der politischen Bildung, können diese Spiele politisches Lernen intendieren.

Verzweckte Spiele

Hier kommt aber das klassische spielpädagogische Dilemma zum Vorschein, das Spielpädagogen der Didaktisierung von Spielen vorwerfen. Eine im traditionellen Sinne verstandene Verzweckung von Spielen kann dem Spiel seinen Spielcharakter und den Spielern die Spielfreude nehmen. Dieses Dilemma ist für den Unterricht, der fachorientiert ausgerichtet ist und der die von diesen Spielen ausgehende Spielfreude nutzen will, nicht aufzulösen. Die Lehrkraft, die Spiele einsetzt, kann aber diese Problematik transparent machen und die Absichten, die damit verbunden sind, verdeutlichen.

Um die Spielfreude zu erhalten und gleichzeitig intendierte Lernergebnisse zu erzielen, sollten diese Spielformen dennoch inhaltlich nicht zu eng vorstrukturiert sein und eine ausgewogene Mischung zwischen spielerischer Ursprünglichkeit und Themenbezug aufweisen. So viel freies Spiel wie möglich – so viel Thema und Intentionen wie nötig, könnte eine allgemeine Devise lauten. Die Lehrkraft sollte aber auch in Betracht ziehen, dass sich Schülerinnen und Schüler durch diese Spielformen generell nicht oder nicht durch diese didaktisierten Formen ansprechen lassen.

Spielformen dieses Spieltyps weisen eine weitere Charakteristik auf, die ihre didaktischen Chancen reduziert. Rätsel, Quiz, Puzzle, auch Brett- und Würfelspiele beinhalten eine vorgegebene Ergebnisstruktur, die durch den Spieler aufzuspüren ist. Feststehende und als falsch oder richtig definierte Antworten, ein nur eine einzige Lösung ermöglichendes Puzzle-Bild, ein vorgegebener Spielverlauf in Brettspielen weisen auf die enge Verregeltheit und die strenge, unzweideutige Ergebnisfixierung dieser Spiele hin.

Fakten und Begriffswissen

Aus politikdidaktischer Sicht bedeutet dies, dass nur Lerninhalte Gegenstand dieser Spielformen sein können, deren Ergebnisse ebenso unzweideutig formulierbar sind: bei Rätseln sind dies Begriffe und Worte, bei Puzzle feststehende Raum- oder Bildstrukturen. Deshalb eignen sich fast ausschließlich nur Lerngegenstände oder einzelne Themenfelder, die auf die Vermittlung und Aneignung von Sach-, Fakten- oder Begriffswissen hin orientiert sind. Für die Sozialkunde sind dies überwiegend Begriffe aus dem Bereich der so genannten Institutionenkunde, für die Geschichte historische Fakten, für die Geographie geographische oder topographische Bezeichnungen.

Folgt man der idealtypischen Unterscheidung von Wolfgang Geiger, so können im Wesentlichen nur Sachverhalte aus „Instruktionsprozessen“ und weniger Elemente von „Reflexionsprozessen“ Themen von Rätseln, Quiz, Puzzle,

Lückentexten sein (vgl. Geiger 1974, 21 ff.). Problemhaltige Situationen können damit nicht erschlossen werden.

Für eine politische Bildung, die politische Urteils- und Handlungskompetenz anstrebt, haben diese Spielformen deshalb einen eingeschränkten didaktischen Stellenwert. Vor allem Georg Weißeno (1998, 214 ff.; 2000, 146, 148) und Gotthard Breit (1998, 101 ff.) haben auf politikdidaktische Grenzen von methodischen Arrangements hingewiesen, die „handlungsorientierte" Arbeitsmaterialien mit den hier erörterten spielerischen Aufgabenstellungen beinhalten. Zutreffend argumentiert Georg Weißeno, dass diese Spielformen „Arbeitstechniken zunächst ohne bedeutsamen fachdidaktischen Kern" sind, „kaum fachdidaktisch aufgeladen" (Weißeno 1998, 220) und nicht gegenstandskonstitutiv. Es sind Aufgaben, „aber noch keine politisch problemhaltigen Situationen oder Fälle, die politisches Handeln in der Gesellschaft zum Gegenstand haben" (ebd., 219), „Verfahren bzw. Arbeitstechniken, mit denen man herausfindet, was man weiß oder noch nicht weiß" (ebd., 220). „Das Wesen des Politischen kann beispielsweise in einer Pro- und Contra-Debatte sehr gut, in einem Kreuzworträtsel indessen kaum deutlich werden" (ebd., 222). Ein Rätsel „stattet vielmehr die folgenden Lernsituationen mit Begriffen aus, was eine wichtige Voraussetzung für das Durchdringen eines politischen Sachverhaltes ist. Das Verstehen der Begriffe und die Klärung der mit ihnen verbundenen politischen Zusammenhänge kann erst der Unterricht leisten" (Weißeno 2000, 148).

Ein weiterer Einwand bezieht sich auf den „verführerischen" Charakter von Arbeitsmaterialien. Diese machten es den Lehrern und Lehrerinnen bei ihrer Unterrichtsplanung leicht und auch bequem mit der Folge, dass Politik als der Inhalt des Politikunterrichts ausgespart werde. „Es ist einfach, politische Probleme und Aufgaben sowie die Auseinandersetzung um die Lösung dieser Probleme wegzulassen und lediglich den Handlungsrahmen zu behandeln. Hier kann man Wissen vermitteln, das feststeht. (...) Hier gibt es kaum Kontroversen, man muss sich nicht auf das schwierige Geschäft der Analyse und Urteilsbildung einlassen und mühsam mit Kategorien und Schlüsselfragen arbeiten ... In einem solchen Unterricht steht nicht Politik im Mittelpunkt, sondern die Kunde von Institutionen. Politik wird von drei Dimensionen reduziert und dadurch verfälscht. Kommt der Inhalt und der Prozess von Politik im Unterricht nicht vor, dann erhalten die Schülerinnen und Schüler eine Vorstellung von Politik, in der die Schwierigkeiten und Komplexität, aber auch die damit verbundene Spannung und Faszination fehlen" (Breit 2001, 108 ff.).

Dieser Vorbehalt weist eher auf Professionalisierungsdefizite der Lehrerinnen und Lehrer hin als auf die Aufnahme solcher spielerischen Lernformen in das Methodenrepertoire der politischen Bildung. Wenn Pädagogen der verführerischen Gefahr unterliegen, grundlegende fachdidaktische Planungskriterien nicht zu berücksichtigen, die auch in diesen Materialien immer herausgestellte Notwendigkeit der interdependenten Verknüpfung von Ziel, Inhalt und Methode außer Acht lassen und sich damit begnügen, Politik auf die Dimension polity zu beschränken, wie befürchtet wird, so ist das weniger auf die Vorlage anregender Unterrichtsmaterialien zurückzuführen, sondern auf ein Professionalisierungsdefizit, das auch dann bestehen würde, wenn es diese Publikationen nicht gäbe. Lehrer und Lehrerinnen, die den didaktisch und methodisch gestellten Ansprüchen der Politikdidaktik genügen wollen, werden den oben dargelegten und in den Begleitmaterialien zu den Arbeitsmaterialien beschriebenen didaktischen Stellenwert erkennen und die Verknüpfung von Inhalt und Methode jeweils angemessen berücksichtigen.

Bei diesen Spielen werden im unterrichtlichen Zusammenhang im Wesentlichen (mit Einschränkungen der Sonderform: Denkaufgaben und Texträtsel) Begriffe, Zeichen und Fakten gelernt, benannt und zugeordnet, um Wissen zu erweitern und zu sichern. In erster Linie kommt diesen spielerischen Lernformen eine motivationale Funktion zu. Sie stellen formale Lernhilfen dar, die einen eher emotionsbezogenen Zugang zu einer bestimmten Art von Wissen ermöglichen. Materialaufbereitung, Frage- und Aufgabenstellung, Impulse sollen Schülerinnen und Schüler veranlassen und auffordern, folgende Lernaktivitäten vorzunehmen:

- Informationen entnehmen, erarbeiten, erschließen
- Zusammenhänge herstellen, erkennen
- Interpretationen, Analogien, Assoziationen, Translationen vornehmen (vor allem bei der Rätselsonderform: Denkaufgaben und Texträtsel)
- Lernergebnisse sichern, üben, wiederholen, vertiefen
- Lernergebnisse anwenden, transferieren
- spielerisch unter Einbezug einer Zufallskomponente Themen und auch Problemstellungen erschließen (vor allem Brett-/Würfel-/Kartenspiele).

Diese Aufgaben sind nicht ausschließlich einzelnen Rätselformen zuzuordnen, sondern werden von vielen der nachstehend erörterten Spielen in unterschiedlichem Ausmaß wahrgenommen.

Rätsel, Quiz, Lückentexte beziehen sich als motivierende Lernhilfen vornehmlich auf die Aneignung, Vertiefung, Übung und Sicherung von (punktuellen) Begriffen im Kontext der Aneignung von (Orientierungs-)Wissen.

Für den (politischen) Unterricht bedeutet dies, dass im Zentrum die Kompetenz „Sachkompetenz“ (Wissen) steht. Problemhaltige, kontroverse politische

Situationen können damit nur bei besonderen Spielarrangements thematisiert werden, z.B. bei Brett- oder Würfelspielen. Durch den Einbezug von sogenannten Ereigniskarten können überraschende Problemstellungen präsentiert werden, die Reflexionen, Erkenntnis- und Urteilsprozesse anstoßen können. Allerdings muss auch hier einschränkend betont werden, dass mögliche Lösungen der Problemstellungen in der Regel durch die Spielautoren vorgegeben sind. Die Spieler spielen auch hier eine vorgegebene Struktur nach. Das Verstehen, Begreifen und Erkennen der Problemstellungen kann erst eine reflexive Erörterung im Unterricht ermöglichen.

Sprachentlastung und Lernerleichterung

Puzzle, Rätsel und Lückentexte knüpfen an das in der Schule zu gering beachtete Bedürfnis und das Interesse vieler Kinder und Jugendlicher an, zu kombinieren, (gedanklich) zu konstruieren und Teile zusammenzufügen. Die „offene", lückenhafte, bisweilen verfremdete Aufbereitung, das spielerische haptische Ausprobieren (Puzzle) und Enträtseln kann gerade auch für lernschwächere Schüler eher einen Zugang zu komplexeren Themen bieten als abstraktere Materialien oder Aufgabenstellungen.

Insbesondere kann diesen spielerischen Lernformen eine bislang auch im Sozialkunde- und Politikunterricht wenig beachtete Funktion zukommen: Vor allem bei lernschwächeren Schülern (z.B. in Hauptschulen, Sonderschulen, besonderen Schulformen der Berufsschule) treten erhebliche Lernbarrieren durch Verstehens- und Sprachschwierigkeiten auf. Hier kann z.B. von Lückentexten, Lückenschaubildern sowie von verschiedenen Rätselformaten eine sprachentlastende und lernerleichternde Wirkung ausgehen. Durch die Vorgabe von Begriffen und Wörtern können sich Bedrohungsängste reduzieren, die auch von der Rechtschreibung ausgehen können. Der Lernprozess wird ein wenig befreit von der teilweise mit Versagensängsten verbundenen Auseinandersetzung mit den semantischen und grammatikalischen Herausforderungen von Textsorten. Allerdings muss unter solchen Lernbedingungen verstärkt Wert auf die anschließende oder gleichzeitige Versprachlichung und verbale Artikulation des Inhalts gelegt werden.

Die hier erörterten spielerischen Lernarrangements bieten sich auch für Formen offenen Unterrichts und selbstständigen Lernens, etwa bei Freiarbeit oder Lernen an Stationen, an. Hier haben sie den Charakter von sich selbst erklärenden „Selbstlernmaterialien", die individuell oder in Partner-/bzw. Gruppenarbeit bearbeitet werden können.

Besonders motivierend ist es für viele Schüler, wenn sie selbst Lernmaterialien in Form von Rätseln, Quiz, Lückentexten, einfachen Brett- oder Kartenspielen anfertigen, die sie dann ihren Mitschülern zur Bearbeitung vorlegen. Didaktisch ergibt sich hier die Chance, dass der Prozess der Erarbeitung der Arbeitsmaterialien durch die Schüler auch ein Element einer Lernkontrolle darstellen kann. Denn dadurch können Lernergebnisse in eine Transferleistung umgewandelt und sichtbar gemacht werden.

5.2 Spielformen

Die im Folgenden vorgestellten Spiele sind spielerische Lernformen, die im weitesten Sinne durch mediale oder formale Rätsel- bzw. Spielfiguren gestützt sind: Rätsel(-raster), Frage-Antwort-Struktur, Puzzleteile, Spielvorlagen, Spielkarten, Spielmaterialien. Es gibt eine Vielzahl von Spielen und Spielvarianten, die in unterschiedlichen, nicht einheitlich verwendeten Strukturierungssystemen kategorisiert werden. Für den Zweck des Einsatzes im Unterricht lassen sie sich in drei große Gruppen gliedern, die sich, neben bestimmten Gemeinsamkeiten, durch verschiedene Merkmale unterscheiden:

Rätsel- und Quizformen

Hierunter fallen Enträtselung und Verrätselungsaufgaben zu unterschiedlichen Rätselformen sowie Frage- und Antwortspiele (Kreuzworträtsel, Silbenrätsel, Schwedenrätsel, Suchrätsel, Zahlenrätsel, Buchstabenrätsel, Scharaden, Kimspiel, Begriffs-/Fragelotto).[18]

Als Sonderformen sind Denkaufgaben und Texträtsel anzusehen, die ohne formale Rätselfiguren auskommen. Zu den Rätselaufgaben gehören im weiten Sinne auch Such- und Orientierungsspiele („Rallye“, „Recherchen“), die durch interessant oder rätselhaft formulierte Quizfragen oder Aufgaben ein Themengebiet, ein Buch oder eine Quelle, z.B. das Grundgesetz oder eine räumliche Gegebenheit, überblicksartig erschließen helfen.

---

18 Michael Wehner führt in seinem Buch „Historisch-politische Bildung zwischen Information und Unterhaltung“ mehr als 50 verschiedene Rätsel- und Quizformen auf, die aus schulischen und außerschulischen Bildungseinrichtungen, aus dem Alltags- und Freizeitbereich bekannt sind und mit deren Hilfe politische Lerninhalte spielerisch vermittelt werden können (Wehner 1996, 266 f.).

Exkurs: Aktivierungszirkel

Heckhausens Theorie des „Aktivierungszirkel“ kann durchaus auf Rätselspiele – und in eingeschränktem Maße – auch auf die übrigen in diesem Kapitel beschriebenen Spielformen angewandt werden. Rätselaufgaben führen zu einer psychischen Anspannung „mittleren Ausmaßes,“ die sich durch eine punktuell richtige Lösung zunächst abbaut und dann im nächsten Schritt, z.B. bei der folgenden Frage, wieder steigert. Dieser Wechsel zwischen Spannung und Entspannung, der sich im weiteren Verlauf der Komplettierung oder des vollständigen Auflösens des Rätsels steigern kann, kann zu lustvollem Erleben führen und eine längerfristige Spielhandlung aufrechterhalten.

Neuartigkeit und Komplexität der äußeren Situation auf der einen Seite und ein Zustand der Ungewissheit, des Konflikts und möglicherweise der Erregung im Individuum auf der anderen Seite rufen ein Sucherverhalten hervor. „Dies ermöglicht es nun, grundlegende Tatbestände, wie denjenigen der Langeweile auf der einen und der Neugier auf der anderen Seite, zu erhellen und zu erklären, wie Menschen und Tiere Zustände der mittleren Aktivation, ein mittleres ‚Aktivierungspotential‘ suchen“ (Hans Aebli, Vorwort zu: Berlyne 1974, 10; zit. nach Wehner 1996, 216).

Zu den wesentlichen Merkmalen des Rätsels gehört ein Lösungsansatz, es darf nicht unlösbar sein. Voraussetzung für den unterrichtlichen Einsatz ist deshalb, dass die Aufgabenstellungen (Rätselaufgaben) nicht zu schwer und nicht zu leicht sind, also ein mittleres Anspruchsniveau haben. Sie müssen leicht genug sein, um ohne Frustrationen gelöst zu werden, aber doch schwierig und reizvoll genug, um ein wenig an ihnen zu „rätseln“ und zu „knabbern“. Schüler und Schülerinnen müssen in der Lage sein, je nach ihren Lernvoraussetzungen die Aufgaben in kurzer Zeit mit ein wenig Nachdenken oder Überlegen zu lösen. Zu langes Nachdenken wirkt ebenso demotivierend und enttäuschend wie Lösungen, die keine kognitive Leistung erfordern oder die als unlösbar aufgefasst werden.

Die Formulierungen der Definitionen sind von großer Bedeutung. Sie bestimmen, wie das Rätsel beim Leser ankommt. Zwar muss es fachlich-inhaltlich korrekt sein, doch eröffnen sich durch die Definitionsformulierung gute Chancen, Interesse am Thema auch dadurch zu wecken, dass die Umschreibungen, Definitionen oder Lösungswörter spaßig-kreativ, witzig-pointiert, provokativ-satirisch formuliert werden. Eine Besonderheit stellen kryptische Kreuzworträtsel dar, dessen „Geheimnis“ nicht im Lösungswort, sondern in seiner Verschlüsselung liegt.

Rätsel stellen einen Umweg beim Lernen[19] dar, deren (Auf-)Lösung Zeit und eigene, mitunter mühevolle Anstrengung erfordert. Als Ergebnis eines erfolgreichen Bemühens stellt sich daher oft Stolz ein.

---

19 „Der Weg des Denkens ist der Umweg“ (Friedrich Hegel; nach: Landeszentrale für politische Bildung Baden-Württemberg 1992, Begleitheft 8).

Greving/Paradies weisen auf einen sehr wichtigen Aspekt hin: „Rätsel ermöglichen daher eine Verlangsamung und Intensivierung des eigenen Lernprozesses. Rätsellösen stärkt die methodische Kompetenz. Fragestrategien müssen entwickelt, Hinweise entschlüsselt, Umwege und Sackgassen als solche erkannt werden – das hat positive Konsequenzen für die Selbständigkeit beim Lernen" (Greving/Paradies 1996, 53).

Im Folgenden werden in einer Zusammenfassung in Anlehnung an Michael Wehner didaktische Leistungspotenziale von Quiz- und Rätselformen auf den Ebenen (a) Lernstoff, (b) Lerntechnik und Arbeitsformen, (c) sozialer Lernprozess, (d) Lernpsychologie aufgeführt.

(a) Lernstoff

Rätsel und Quiz

- bewirken die richtige Zuordnung von Informationen und Fakten,
- können als Operationalisierung von Lernzielen und als informationelle Strukturierungshilfe für ein Lerngebiet dienen,
- ermöglichen dem Lehrer durch die Formulierung veränderter und phantasievoller Frage- oder Rätselformen eine kreative Umgestaltung des Lernstoffes,
- ermöglichen die schnelle Reproduktion von Wissen,
- bieten vielfältige Differenzierungsmöglichkeiten und Schwierigkeitsniveaus durch unterschiedliche Vorgaben formaler Hilfestellungen.

(b) Lerntechnik und Arbeitsformen

Rätsel und Quiz

- ermöglichen eine unterhaltsame und kurzweilige Einprägung des Lernstoffes,
- ermöglichen auf der Kenntnisebene eine Selbstüberprüfung und Lernkontrolle,
- eignen sich durch ihren Wiederholungseffekt für ein spielerisches Üben und Vertiefen,
- bieten das Erproben von Frage- und Lösungsstrategien, Hypothesenbildung sowie von Differenzierungsformen des Prinzips trial und error.

(c) sozialer Lernprozess

Rätsel und Quiz

- lassen Lernende Konkurrenz und Kooperation, Miteinander und Gegeneinander, Glück und Können (z.B. in einem Gruppenquiz) erleben,

- fördern individuelles und gruppenbezogenes Lernen durch Quizwettbewerbe.

(d) Lernpsychologie

Rätsel und Quiz

- ermöglichen durch spielerische Elemente die Kompensation eines übermäßigen Leistungsdrucks,
- fördern und schaffen die „Aktualisierung von Vorwissen, das Bedürfnis nach Kommunikation und Begegnung, das Aktivieren von Gruppenpotenzialen, die Verbindung von Erlebnis- und Lernwelten, die Nähe zum medialen Alltag, die Integration von Information und Interaktion" (Wehner 1996, 265),
- fördern Lernmotivation und können sich fördernd auf das Lernverhalten eines im Enträtseln erfolgreichen Schülers auswirken und Lernsicherheiten vermitteln,
- vermitteln schnelle Rückmeldung über den Erfolg und die Richtigkeit der Lösung der Rätsel- oder Quizaufgabe.

Legespiele, Zuordnungs- und Kombinationsspiele

Diese Gruppe umfasst Aufgaben zum Zusammenfügen, Zuordnen, Kombinieren und Komplettieren von Elementen zu einem Ganzen (z.B. Puzzle). Hierunter fallen aber auch Aufgabenformen, die als Lückentexte, Lückenschaubilder oder als Text- und Bildzuordnungsaufgaben eine weite Verbreitung in Unterrichtsmaterialien und Lehrwerken gefunden haben.

Beispiel Puzzle

Das Puzzle übt für viele Menschen eine eigenartige Anziehungskraft und einen Spielreiz aus. Es scheint ein Bedürfnis von Menschen zu geben, ein „Werk", das in Einzelteile zerlegt worden ist, wieder zu einer fertigen „Ganzheit" zusammenzufügen, zumal die Einzelteile zwingend zusammenpassen müssen. Puzzles drücken einerseits die Beziehungen des Menschen zum Nicht-Zufälligen aus (vgl. Keim 1992, 127), andererseits die Beziehung des Einzelnen zu anderen. „Das Puzzlespiel ist besonders für die politische Bildung geeignet, weil es bewusst macht, dass der Einzelne für sich allein kein Gesamtes schaffen kann, sondern dass er auf die Zusammenarbeit mit anderen angewiesen ist. Er ist Teil eines Ganzen, ohne darin völlig aufzugehen. Sein Teil ist einzigartig. Zusammen mit andern wird es auf neue und andere Weise wirksam und erfahrbar" (Landeszentrale für politische Bildung Baden-Württemberg 2001, Beiheft). Puzzle verbinden auf eine motivierende

Weise kognitive, emotionale und haptische Elemente miteinander. Es wird kein Blatt Papier oder ein Schreibwerkzeug gebraucht, sondern man nimmt das Lernmaterial direkt in die Hand. Es liegt offen und für alle sichtbar aus und hat trotz der zunächst intransparenten Unübersichtlichkeit eine immanente Ordnung und Struktur. Der Reiz liegt darin, das chaotisch wirkende Durcheinander von Puzzleteilen aufzulösen und eine geordnete und sinnvolle Struktur herzustellen.

Das Greifen und Fühlen der Teile und das auf Versuch und Irrtum basierende ausprobierende Einpassen in das zunehmend sich zu einem Ganzen zusammenfügende Gesamtbild verschafft vielen Menschen eine hohe Befriedigung. Unbewusst wird kindliches Spielverhalten reproduziert.

Puzzle eignen sich zum individuellen Spiel ebenso wie zur gemeinsamen Aktivität. Ihren pädagogischen Wert entfalten sie aber erst durch das gemeinsame Spiel, das Kommunikation und Kooperation hervorruft. Sie ermöglichen oft zudem „beiläufiges Lernen".

Exkurs: Inzidentelles oder beiläufiges Lernen

Inzidentelles oder implizites Lernen – andere Fachbegriffe für beiläufiges Lernen – zeichnet sich nach Oerter (Oerter 1997, 139 ff.) durch folgende Merkmale aus:

- Fehlende Intentionalität: Die Spiel- oder Lernaktivität ist auf andere Dinge oder Ziele gerichtet; das Ergebnis inzidentellen Lernens stellt sich nebenbei ein.
- Nicht-Bewusstheit: Inzidentelles Lernen erfolgt nicht bewusst. Der Lernerfolg stellt sich ein, ohne dass der Lernende weiß, dass er lernt und wie er lernt. Dieses Merkmal ist implizit im Merkmal der fehlenden Intentionalität enthalten.
- Fehlende Aufmerksamkeitszuwendung: Die Aufmerksamkeit ist nicht bewusst selektiv auf die Handlung gerichtet.
- Verfügbarkeit des Gelernten: deklarativ und non deklarativ. Inzidentelles gelerntes Wissen ist sowohl bewusst deklarativ verfügbar (deklaratives Gedächtnis) als auch unbewusst im impliziten, nondeklarativen Gedächtnis gespeichert.
- Einbettung in Kontexte und Ganzheitlichkeit: Inzidentelles Lernen findet (im Alltag) immer als situatives Lernen statt.

In dem „Weltpuzzle 2000" der Landeszentrale für politische Bildung Baden-Württemberg zum Beispiel ist die Aktivität und die Aufmerksamkeit auf das Zusammenlegen des Puzzles gerichtet. Inzidentell gelernt werden die Größenverhältnisse und Umrisse einzelner Länder dadurch, dass beiläufig („en passant") die Formen der Länder durch die Stanzung der Puzzleteile mit wahrgenommen, ggf. erfühlt und betrachtet werden müssen.

Puzzles werden oft in verschiedenen Varianten mit anderen spielerischen oder rätselhaften Arbeitsformen kombiniert. Der Reiz und didaktische Stellenwert von Puzzles erfährt dadurch eine Steigerung. Es lässt sich die Vermutung aussprechen, dass hier die didaktischen Lernchancen und die Gestaltungsmöglichkeiten auch für den politischen Unterricht noch nicht ausgeschöpft sind.

Brett-/Würfel-/Kartenspiele

Hier handelt es sich um Wettkampfspiele mit Zufallsfaktoren, die kognitive Leistungen und taktische Überlegungen erfordern.[20] Die Gruppe der Brett-, Würfel- oder Kartenspiele fristet auch heute noch im alltäglichen Unterricht ein sehr bescheidenes Dasein. Obwohl für verschiedene Fächer (insbesondere Geschichte, aber auch Geographie und Sozialkunde) ein Spielangebot vorhanden ist, werden sie im normalen Unterricht selten eingesetzt. „Analoge Spiele, im Sinne von Karten- und Brettspielen, werden im Unterricht (…) nur selten verwendet" (Ancuta/Preisinger 2021, 4).

Ein, vielleicht der wichtigste Grund liegt darin, dass Brett-, Würfel- oder Kartenspiele materialgebunden sind (Spielbrett, Würfel, Karten) und nicht (wie zum Beispiel Rätsel oder auf Papier oder Pappe gedruckte Puzzles) vervielfältigbar sind. Da die Spiele in der Regel in Kleingruppen gespielt werden, ist so die Anschaffung von mehreren Exemplaren für eine Klasse notwendig, was aufgrund der nicht unerheblichen Kosten sehr erschwert ist. Diese Spielformen können deshalb in der Praxis nur als einzelne Spielangebote entweder für offenen oder differenzierten Unterricht dienen oder für Kleingruppen von Schülerinnen und Schülern bereitgehalten werden, die z.B. in außerunterrichtlichen Phasen, in Freizeitphasen oder im Rahmen einer Ganztagsschule frei wählbaren Spielaktivitäten nachgehen wollen. Diese Spiele eignen sich dann im Besonderen für die Ausstattung einer Spielothek einer Schule.

Beispiel: Brettspiele

Die meisten Brettspiele sind symbolische Wettkampfspiele, bei denen zwischen zwei und sechs, selten acht Spieler mitwirken können. In unterschiedlichem Maße werden individuelle kognitive oder taktische Fähigkeiten gefordert, spielen Zufall, Würfel oder unvorhersehbare Spieleingriffe (z.B. durch Ereigniskarten) eine Rolle, sind Spiele formal und abstrakt oder konkret und inhaltlich.

---

20 Ausnahme siehe Kapitel: Kartenspiel: Thesen- und Spielkarten der Bundeszentrale für politische Bildung, S. 46 f.

Die Bandbreite dieser Spielformen ist sehr groß, sodass hier nur einige allgemeine Aussagen getroffen werden können. Jürgen Fritz hat eine Typologie von Brettspielen entworfen, die hier übernommen und um „Politikspiele“ ergänzt wird. Unterschieden werden können:

- *Strategische Spiele.* Sie besitzen ein hohes Maß an Interaktivität und Beeinflussbarkeit, werden angetrieben durch regelgebundene Spielzüge und erfordern das antizipierende Berücksichtigen der Spielzüge des Partners. Ein gutes strategisches Spiel eröffnet fast unbegrenzte Möglichkeiten, die in toto von den Spielern nicht überblickt werden können. Hier liegt der Spaß und die Spannung strategischer Spiele, weil immer neue Varianten und Spielzüge sich ergeben können.
- *Würfelspiele.* Durch die Verwendung eines Würfels wird der Zufall als spielentscheidendes Moment relevant, was dem Spiel Spannung verleiht. Die meisten Würfelspiele sind für die Spieler, von denen jeder für sich allein spielt, leichter erfassbar.
- *Wettläufe.* Diese besitzen eine inhaltliche Auskleidung (z.B. Europareise) und haben ein stärkeres Zufallsmoment als die Würfelspiele. Jeder Spieler verfolgt für sich alleine und unbehelligt vom Partner, allerdings in Konkurrenz zu ihm, das Ziel.
- *Wirtschaftsspiele.* Deren zentrale inhaltliche Ausprägung ist oft das Geld. Die inhaltliche Ausformung kann bis zur Simulation gesellschaftlicher Prozesse vorangetrieben werden. „Wirtschaftsspiele sind Projektionen von Alltagswünschen, Wunscherfüller in Konkurrenzsituationen“ (ebd., 332). Was im Alltagsleben versagt bleibt, kann hier Erfüllung finden.
- *Politikspiele.* Inzwischen liegen auch für den Bereich der Politik (Parlamentarismus, Umwelt, Dritte Welt, Arbeitswelt etc.) Brettspiele vor, die ausgeprägte Simulationen zu politischen Themen enthalten.
- *Geschicklichkeitsspiele.* Hier sind manuelle Fähigkeiten und körperliche Bewegungshandlungen spielentscheidend. Wegen ihrer Kompensationsfunktion können sie körperlichen Bewegungsmangel ausgleichen und sollten daher Spielangebot in jeder Spielothek oder Ludothek sein.
- *Gedächtnis- und Kombinationsspiele.* Bekannt auch als „Memory“-Spiele verlangen diese Spiele kognitive Leistungen und Merkfähigkeiten. Auch diese Spiele sind parallelaktive Spiele.
- *Sammel-, Lege- und Buchstabenspiele.* Diese Spiele erfordern ebenfalls kognitive Leistungen und werden von jedem Spieler alleine für sich gespielt (parallelaktiv). Die Einwirkungsmöglichkeiten der Spieler, die kognitive Beanspruchung oder die Einbeziehung des Zufalls sind bei den einzelnen

Spielen unterschiedlich ausgeprägt. Die Mischung aus Zufall und Beeinflussbarkeit kann dabei den unmittelbaren Leistungsdruck und eventuelle Versagens- oder Verlierergefühle dämpfen und besser verkraftbar machen („Pech gehabt").[21]

21 Übersicht über Spielmaterialien siehe: https://www.bpb.de/shop/lernen/spiele/ (aufgerufen am 30.08.2021); Spiele zum Themenfeld Europa (Quiz, Puzzle, Rätsel) Webseite der Europäischen Union, Lernecke: https://europa.eu/learning-corner/play-games_de (aufgerufen am 30.08.2021); https://www.politische-bildung.de/spiele-puzzle (aufgerufen am 07.04.2022).

6. Inszenieren und in Szene setzen

6.1 Szenische Spiele

Menschliche Begegnungen, Interaktionen und Handlungen vollziehen sich zu einem großen Teil in Szenen, die in soziale und gesellschaftliche Bezüge eingebettet sind. Szenen sind kurze Ausschnitte aus Handlungsabläufen in einem überschaubaren Rahmen, in dem die Akteure miteinander in Beziehung treten. Dies können spontane, unerwartete, unbeeinflussbare, aber auch bewusst gestaltete, strategisch geplante Handlungsprozesse sein, die von verschiedenen Rahmenbedingungen beeinflusst werden.

Die Literaturwissenschaft definiert die Szene „als ‚innerlich geschlossenes Stück dramatischen Lebens' und als ‚geschlossenen Handlungsabschnitt', und die Psychoanalyse begreift das ‚szenische Reagieren' als zwanghaftes Verhalten, das automatisch bei dem Arrangement einer bestimmten Situation (einer ‚Szene') eintritt" (Greving/Paradies 1996, 105). Der Begriff szenische Spielformen enthält beide Bedeutungsebenen: Spieler stellen mit schauspielerischen und anderen Mitteln eine in sich geschlossene Handlung oder einen Handlungsabschnitt dar. Bis zu einem Grad sind die dadurch ausgelösten Zuschauerreaktionen durch die Art dieser Darstellung voraussehbar und steuerbar.

Im engeren Gegenstandsfeld der politischen Bildung, dem politischen Prozess, spielen ästhetische Präsentationen, symbolische Inszenierungen und szenische Darstellungen eine erhebliche Rolle. „Solche Inszenierungen können in der Schule entschleiert werden" (George 1998, 40).

Wenn die Alltagswelt und im Besonderen das Politische in der Darstellung und Wahrnehmung szenisch angelegt und organisiert ist, so liegt es nahe, mit szenischen Handlungsformen und szenischen Spielen politische Bildung zu vermitteln. Damit ist das Ziel verbunden, dass sowohl durch den Herstellungs- und Darstellungsprozess als auch durch den Wahrnehmungsprozess grundlegende Erkenntnisse und Handlungsperspektiven eröffnet und Kompetenzen angebahnt werden.

Szenische Spielformen werden hier als eigene Kategorien von Spielen dargestellt, weil sich die Lernintentionen szenischer Spiele und deren Reichweite nicht allein mit den Kategorien der Rollentheorie beschreiben lassen. Diese benennen im Wesentlichen nur das, was Menschen äußerlich in Bezug auf andere Menschen und gesellschaftliche Normen zeigen.

Im szenischen Spiel werden soziale Situationen sowie die Haltungen und Beziehungen der in ihnen handelnden Menschen dargestellt und interpretiert. Deshalb sind Gegenstand szenischer Lernprozesse meist erlebte oder vorgestellte soziale Situationen und Ereignisse, in denen einzelne Personen oder Gruppen auf Grund unterschiedlicher Bedürfnisse und Interessen in einen Konflikt mit ihrer sozialen Umgebung geraten. Über Rollen- und Situationsvorgaben (Erlebnisschilderungen, Situationsbeschreibungen, über Texte, Bilder und Filme, Opern, Theateraufführungen usw.) werden Ereignisse oder Situationen vermittelt. Es handelt sich beim szenischen Spiel deshalb immer um Ereignisse, die in interpretierter Form zugänglich sind.

Szenische Spielprozesse sind deshalb „Interpretationsprozesse" konfliktbehafteter sozialer Beziehungen und Ereignisse. Dabei kann es sich um die szenische Interpretation eigener Haltungen und Erlebnisse handeln, um die von Lebenszusammenhängen und Haltungen oder um die szenische Interpretation von Texten, Bildern und Filmen.

Szenische Darstellungen bieten Möglichkeiten der Selbstdarstellung und Selbstentfaltung und bleiben folgenlos, da wie im Simulationsspiel sanktionsfrei Rollen oder Haltungen zum Ausdruck gebracht werden. Sie sind auch oft mit innerem Engagement und Spaß verbunden.

Da soziale Situationen, soziale Ereignisse und Prozesse das Material für szenische Spiele liefern, eignen sich eine Vielzahl von Themen und Inhalten zur Auseinandersetzung mit den Mitteln des szenischen Spiels. Soziale Situationen können vor allem in folgenden Fächern interpretiert werden: Deutsch, Kunst, Geschichte, Philosophie, Politik, Religion, Geographie und Musik. Dabei bieten sich Erlebnisse, Vorstellungen und Theorien aus einer Fülle von politikhaltigen Themen an, die ästhetisch aufgegriffen und dargestellt werden können: Kindheit, Jugend, Familie, Alter, Geschlechter, Freundschaft, Liebe, Sexualität, Aids, Drogen, Schule, Beruf, Arbeit, Arbeitslosigkeit, Medien, Ausbildung, Behörden, Gewalt, Rechtsextremismus, Holocaust, Krieg, Flucht, Asyl, Krankheit, Tod usw.

Szenische Spiele bieten die didaktische Chance, sich in Menschen aus anderen Epochen, Ländern und sozialen Schichten hineinzuversetzen und zu versuchen, Gemeinsamkeiten und Differenzen in Erfahrungen, Vorstellungen und Lebensentwürfen zu entdecken. Aber auch die eigenen bewussten oder unbewussten oder vergessenen Wahrnehmungs-, Denk- und Verhaltensmöglichkeiten können damit einer Reflexion zugänglich gemacht werden. Dass Ziele des szenischen Spiels in weiten Teilen eine deutliche Übereinstimmung mit Zielsetzungen politischer Bildung aufweisen, zeigt sich an der Auflistung der

Intentionen für szenische Spielformen bei Ursula Welscher-Forche. Sie werden hier als politikdidaktische Zielsetzungen übernommen: „Im kognitiven Bereich

- Förderung der Fragebereitschaft
- Förderung kritischen und konstruktiven Denkens
- Förderung des kreativen Denkens und der Fantasie
- Erleichterung des Verständnisses für abstrakte Prozesse
- Förderung der Problemlösefähigkeit.

Im Bereich der Persönlichkeitsentwicklung und des sozialen Lernens Erweiterung der Sprachfähigkeit

- Steigerung der eigenen körperlichen Ausdrucksfähigkeit und des Vertrauens in diese
- Steigerung des Selbstbewusstseins
- Fähigkeit zur Identifikation mit verschiedenen Rollen
- Fähigkeit zur Zusammenarbeit mit anderen
- Regelverständnis
- Verständnis für eigenes und fremdes Verhalten
- Verantwortungsbewusstsein für eigenes Verhalten
- Kritische Wahrnehmung der eigenen Gruppenpositionen oder -rollen
- Die Fähigkeit eigene Ideen anderen zu vermitteln
- Die Fähigkeit Ideen anderer wahrzunehmen und anzuwenden“ (Welscher-Forche 1999, 2 f.).

Scheller (1998) unterscheidet zwischen folgenden Intentionen:

- szenisches Erkunden (Räume, Gegenstände, Geräusche, musikalische Ausdrucksformen, Zeit, Körperhaltungen, Gestik und Mimik, Sprechhaltungen, Handlungen, Interaktionen, Situationen, Vorstellungen, Einstellungen, Gefühle, Wünsche, Statusverhalten, Habitus),
- szenisches Einfühlen (in die Rolle, in die Situationen),
- szenisches Reflektieren (Rollenreflexion, Beobachterreflexion, Spielerreflexion) sowie
- szenisches Verändern.

Deutlich wird, dass diese Zielsetzungen des szenischen Spiels mit Intentionen aus den Kompetenzbereichen Sozial- und Selbstkompetenz und Methodenkompetenz übereinstimmen. Damit werden Qualifikationen angebahnt, die Beiträge zum Erwerb politischer Handlungskompetenz und politischer Urteilskompetenz leisten können. Szenische Spielformen spielten im Alltagsunterricht der Schule bislang eine untergeordnete Rolle. Sie blieben überwiegend beschränkt auf den Deutsch-, Literatur- oder Fremdsprachenunterricht. Theater-Arbeitsgemeinschaften waren meistens der pädagogische Ort, an dem szenische Darstellungen ihren zentralen Platz fanden.

Mit der Einführung des Unterrichtsfaches Darstellendes Spiels als eigenen Lernbereich im Rahmen der künstlerischen Fächer in der Sekundarstufe II ist eine deutliche Belebung theaterpädagogischer Aktivitäten eingetreten. Als die Fachbezeichnung für den Unterricht, mit der das Spiel von Schülerinnen und Schülern vor Publikum in den Mittelpunkt gestellt wird, hat sich das Darstellende Spiel inzwischen in allen Bundesländern etabliert.

Es gibt keine geschlossene Theorie, auf der sich das Darstellende Spiel stützt. Die theoretischen Begründungen beziehen sich auf gesellschaftstheoretische, sozialisationstheoretische, entwicklungspsychologische Theorieansätze, die die Bedeutung ästhetischer Erziehung und kultureller Bildung herausstellen. Auch das Identitätskonzept wird als theoretisches Erklärungsmodell für die Theaterarbeit herangezogen.

Mit spezifischen Methoden, Instrumenten, Techniken und Gestaltungsprinzipien wird die Eigenständigkeit des Lernbereichs begründet, die eine Integration in andere Fächer ausschließt. Das bedeutet aber nicht, dass nicht andere Lern- und Fachbereiche Impulse und methodische Ansätze aufnehmen, um eigene Lernprozesse vielfältig und ganzheitlich orientiert zu gestalten. Gerade eine politische Bildung, die sich auch als fächerübergreifendes Prinzip versteht, sich anderen Fächern gegenüber öffnet und sich als ein zentrales Element einer demokratischen Schulkultur versteht, sollte über ihr eigenes didaktisches und methodisches Verständnis hinaus auch konzeptionelle und methodische Anregungen benachbarter Lernbereiche aufnehmen.

Die inzwischen reichhaltige Literatur und die Vielzahl der Beiträge zur ästhetischen Erziehung umfassen auch theaterpädagogische Veröffentlichungen, die als konkrete Unterrichtshilfen eine Vielzahl spielmethodischer Vorschläge für den Lernbereich Darstellendes Spiel, aber auch didaktisch-methodische Analysen für die Gestaltung des übrigen Fachunterrichts unterbreiten.

Szenische Spielformen sind ebenso wie Theaterspiel eng verwandt mit Simulationsspielen. „Szenisches Spiel ist Handeln in vorgestellten Situationen" (Scheller 1998, 26), das von Spieler und Spielerinnen verlangt, Vorstellungen von vorgegebener Situation und Rolle zu entwickeln und aus der Rolle heraus zu handeln. Mit unterschiedlichen Spielverfahren werden unterschiedliche Aspekte dieses Handelns hervorgehoben werden: „sinnliche Wahrnehmungen und Vorstellungen, körperliche oder sprachliche Haltungen, Handlungen und Interaktionen, Gedanken, Empfindungen, Phantasien oder Beziehungswünsche" (ebd., 37).

Wie bei Rollen- und Simulationsspielen gehen szenische Erarbeitungen und Darbietungen weit über die kognitive Auseinandersetzung mit Themen oder Problemen hinaus. Sie schließen sinnlich-ästhetische, körperliche und emotionale Elemente mit ein. Die Aneignungssituation sowie die eingebrachten Haltungen und Habitusanteile werden in den Spiel- und Lernprozess mit integriert.

6.2 Spielformen

Von der einfachen, schnell zu spielenden Stegreifszene, Improvisationen, dem Sketch, über die Pantomime bis hin zu komplexeren Spielprojekten (angeleitete Rollenspiele, Forumtheater, Zeitungstheater) und „Theaterarbeit" gibt es eine Fülle von Spielformen, in denen Haltungen, Handlungen sowie soziale Interaktionen in Szenen umgesetzt und vorgeführt werden.

Damit verfügt das szenische Spiel über ein reicheres methodisches Instrumentarium als das Rollenspiel. In beiden Spielformen werden zwar Problemsituationen abgebildet und ggf. Lösungsmöglichkeiten, z.B. von probehandelnden Konfliktlösungsstrategien, simuliert. „Darüber hinaus kennt das szenische Handeln Verfahren der szenischen Einfühlung, der szenischen Interpretation und der Reflexion, der Unterbrechung und der Distanzierung, der Doppelung und der Verfremdung sowie des szenischen Veränderns – alles Verfahren, die dem Rollenspiel fremd sind" (Jürgensen 2000, 237). Szenische Spiele beinhalten dadurch – im Gegensatz zu Rollenspielen, die der Gefahr der Festlegung auf bestimmte Rollen und der Einübung in bestimmte Verhaltensmuster unterliegen – breitere Möglichkeiten, Erfahrungen zu gewinnen, Verhalten zu erproben und Perspektiven einzunehmen. Wichtiger als „fertige" Szenen, die vor Publikum aufgeführt werden können, sind beim szenischen Spiel die „Spiel- und Erfahrungsprozesse mit ihren Brechungen, Spiegelungen und Perspektivenwechseln sowie der Erprobung neuer Handlungsstrategien" (ebd., 239).

Szenische Spielverfahren lassen sich zu einigen Gruppen bündeln, die politisches Lernen fördern können:

- Wahrnehmungsübungen, Vorstellungsübungen (Phantasiereisen, Raumbeschreibungen), Körper- und Bewegungsübungen, Sprechübungen (vgl. Scheller 1998, 37 ff.);
- Rollenschreiben (Rollenbiographie, Tagebuch, Brief, Erörterung/Stellungnahme), Rollengespräche (Rollenmonolog, Innerer Dialog, Einfühlungsgespräch, Erlebnisgespräch, Hilfs-Ich, Konfrontationsgespräch, Rollengespräch zwischen Personen) (vgl. ebd., 47 ff.);

- Standbilder, Haltungen einnehmen und Statuen bauen, szenische Improvisation, szenisches Spiel im engeren Sinne, szenische Demonstration (vgl. Scholz 2020, 38-41);
- Szenisches Umsetzen, Nachspielen oder Interpretieren von Textvorlagen (historische, politische, literarische Quellen, Gedichte);
- Anspielen von Einstiegssituationen (Konfliktszenen, Bedrohungssituationen) in verschiedenen Varianten, Durchspielen offener Prozesse von Schluss- oder Entscheidungssituationen in verschiedenen Varianten;
- Klamauk-Spiele, auch „Blödeln“ und „Nonsensspiele,“ als kleine, spontan inszenierte Stegreifspiele, Slapstick[22], Kabarett- oder Revueszenen mit Überbetonungen, Verfremdungen, Karikieren von politischen Ereignissen, pantomimische Darstellungen;
- Zeitungstheater und andere Übungen und Spiele aus dem „Theater der Unterdrückten“ von Augusto Boal (vgl. Boal 1979 und 1989);
- Inszenierungen politisch herausragender Anlässe, Jubiläen, Gedenktage usw. (z.B. „Das Grundgesetz hat Geburtstag“, Scholz 1999; „EURO – Begrüßungsfest“, vgl. Scholz 1998),
- Szenische Darstellungen von Zeitungsmeldungen, szenische Darstellungen von Fotos, Bildern (vorher – nachher);
- Techniken aus dem „Drama in Education“ (DIE), die vor allem in angelsächsischen Ländern große Bedeutung erlangt haben (vgl. Welscher-Forche 1999, 34ff.).

22 „Zum Gelingen der ‚Klamauk‘-Spiele gehört die witzige Überzeichnung der Rollen, der Gag in der Anlage der Szene und die turbulenten Einfälle der Spieler, mitunter auch das Anfeuern durch die Zuschauer. Kleine Requisiten und Verkleidungen können den Spielspaß erhöhen und den Mut zum Vorspielen stärken. Hier kann richtig derb Quatsch gemacht werden, karikiert werden, es können Klischees produziert werden bis sie umkippen. Freie Bahn dem Blödsinn!“ (Baer 1999, 111).

7. Produzieren und Präsentieren

7.1 Spielerische Produktions- und Präsentationsformen

Eine wesentliche Ausdrucksform politischen Handelns ist die ästhetische Präsentation und Publikation politischer Konzepte (Ziele, Vorhaben, Programme etc.). Beides ist konstitutiv für demokratische Gesellschaften, die auf Volkssouveränität beruhen und in denen die politischen Akteure die Legitimationsbasis für ihr Handeln von den Bürgerinnen und Bürgern erhalten und dieses vor ihnen rechtfertigen müssen. Das Werben der Politiker für ihre „Produkte" (z.B. Programme, Vorhaben) geschieht in unterschiedlicher medialer Form und in verschiedenen „Textformen". Dabei bedient sich politische Öffentlichkeitsarbeit auch kreativer, verfremdender oder spielerischer Visualisierungsstrategien.

Eine Präsentation ist eine vom Ablauf und der Organisation her intensiv vorbereitete Vorstellung von Informationen und Inhalten, die themenbezogen sich an eine Zielgruppe richten. Sie verfolgt die Absicht, die angesprochene Personengruppe zu informieren, zu überzeugen oder zu motivieren. Präsentationen können mündlich, schriftlich, visuell, interaktiv, szenisch oder als Mischung mehrerer dieser Formen erfolgen.

Im Unterschied zu ästhetischen Präsentationen, z.B. in Form von szenischen Spielen, ist hier die Präsentation von Lernergebnissen in Form von Texten oder gegenständlichen Materialien gemeint. Sie werden meist ohne Zutun oder Mitwirkung von Personen präsentiert, sprechen und stehen für sich selbst und können ohne personelle Beteiligung der Produzenten aussagekräftig sein. Allerdings ist bei manchen auch die Beteiligung der „Produzenten" sinnvoll und notwendig.

Während die politische Bildung in Theorie und Didaktik „Defizite (hat) im Umgang mit allem, was mit Darstellung, Rhetorik, Inszenierung und Sinnlichem zu tun hat oder eben kurz: mit allen Fragenstellungen rund um den Terminus ‚Ästhetisch'" (Besand 2002, 23), haben sich in der Praxis der politischen Bildung „vielfältige Formen der Verbindung von ästhetischem und politischem Lernen entwickelt" (Sander 1998, 4). Dabei wird das Ziel verfolgt, „alle menschlichen Sinne in das Lernen einzubeziehen und damit Freude und Lust am ästhetischen und politischen Tun zu bewirken" (George 1998, 41). Ästhetische Produktions- und Präsentationsformen verbinden deshalb emotionale und kognitive Aspekte und realisieren „mehrdimensionales oder gar ganzheitliches politisches Lernen" (Ackermann 1991).

Mit den in diesem Abschnitt erörterten Lernformen können vor allem Methodenkompetenzen gefördert werden: neben Interaktions-, Kommunikations- und Kooperationskompetenzen methodische Fähigkeiten im Hinblick auf Beherrschung ästhetischer Techniken der Ergebnispräsentation, der Moderation und Visualisierung.

7.2 Spielformen

Die spielerischen Aktivitäten beziehen sich bei diesen Spielformen auf das Herstellen und Präsentieren von Lernergebnissen aus dem Politikunterricht. Sie können den von Wolfgang Sander beschriebenen drei „Grundsituationen des Lernens in der Politischen Bildung“ (Sander 2001, 88 ff.) zugeordnet werden: „Man kann etwas über Politik lernen, indem man anderen etwas über Politik präsentiert“ (Situation 3: Etwas darstellen, S. 91 f.), „Man kann über Politik etwas lernen, indem man ein Produkt herstellt, in dem sich die Resultate des Lernens dokumentieren“ (Situation 5: Etwas herstellen, S. 93 f.) und „Man kann etwas über Politik lernen, indem man abstrakte Zusammenhänge anschaulich macht“ (Situation 6: Veranschaulichen, S. 94 f.). Dabei kann sowohl der Herstellungsprozess des Lernprodukts als auch das Ergebnis und dessen Präsentation spielerische Elemente aufweisen. Auch kann das Produkt selbst ein Spiel sein.

Im Folgenden werden deshalb die Produkte aufgeführt, die mit spielerischen Aktivitäten (vgl. Janssen 1999) erstellt werden können. Unter Bezugnahme auf Doelker (1999, 61) wird hier von einem erweiterten Textbegriff[23] ausgegangen, der visuelle, auditive und audiovisuelle Textsorten umfasst. Folgende Lernprodukte können unterschieden werden:

- *visuelle Texte*: Laudatio, Nachrede, Gedichte, Reime, Verse, Satire, Comic, Poster, Broschüren, Web-Page, Slogans, Flugblatt, Buttons, Aufkleber, Karikatur, Elfchen, Haiku, Pamphlet, Manifest, Märchen, Tagebuch, Album, Collage, Frottage, Bildergeschichte, Pictogramme, Symbole, Rätsel. Die Aufzählung denkbarer visueller Textformen ist damit allerdings noch nicht

23 Folgt man Christian Doelker (1999), so stellen Bilder, Fotos etc. Texte dar. Er spricht von einem erweiterten Textbegriff und meint mit „Text dann nicht nur das Aneinanderreihen von geschriebenen oder gedruckten Zeilen, sondern auch das Zusammenfügen von in Bild und Ton kodierten Informationssträngen. Wir haben es dann mit visuellen Texten (Stehbild, Bewegtbild, Schrifttext), auditiven Texten (Sprechtext, Musik, Geräusch) und audiovisuellen Texten (aus Bild-, Wort- und Tonsträngen) zu tun“ (ebd., 61).

abgeschlossen. Überschneidungen ergeben sich mit den in Kap. 5 vorgestellten spielerischen Lernformen zur Aneignung und Übung von Wissen und Kenntnissen. Selbstgefertigte Rätselformen, Lückentexte, Puzzle können ebenso wie Mind-map, Diagramme (z.B. Netz-, Zweig-, Fluss-, Baumdiagramme) als Dokumentation von Lernergebnisses fungieren, die dann für die Mitschülerinnen und Mitschüler zur Lösung oder Bearbeitung vorgelegt werden. Obwohl diese Texte zunächst als visuelle Texte produziert werden – und als solche können sie auch für sich stehen und z.B. im Rahmen einer Ausstellung oder Dokumentation präsentiert werden –, sollte im politischen Unterricht auch Raum dafür gegeben werden, die Texte, die sich dafür anbieten, vorzutragen und damit zu verlebendigen. Als Hörtexte stellen sie dann auditive Texte dar und erfordern eine personelle Mitwirkung. Sie können dann schnell den Charakter szenischer Interpretationen annehmen, die im vorigen Abschnitt thematisiert wurden.

- *auditive Texte*: Feature (vgl. Wehner 1996), Hörspiel, (Rap-)Songs, Reportagen, Ballade, (fiktives) Interview (vgl. Janssen 1999), Wahl-Rede etc. (auch die unter Kap. 3.2 beschriebenen spielerischen Methoden wie Talkshow, Pro-Contra-Debatte oder Hearing können als Präsentationsformen eingesetzt werden – allerdings sind diese ohne personelle Mitwirkung von Schülerinnen und Schülern nicht denkbar).
- *audiovisuelle Texte*: Videofilm, Nachrichtensendung, Diashow, Musical, Kabarett.
- *gegenständliche Produkte*: Skulptur, Masken, Kunstwerk, Modell.

Die verschiedenen Lernprodukte können in unterschiedlichem Ausmaß spielerischen und politikdidaktischen Charakter haben. Hauptsächlich geht es darum, dass die Lernenden mit Worten, der Sprache, Tönen, Geräuschen, Bildern etc. „spielen", d.h. kreativ-fantasievoll ein Produkt erstellen und präsentieren. Im Unterschied zu Lernvorgängen, die zu herkömmlichen Standardpräsentationen führen, produzieren die Schülerinnen und Schüler in einem mehr oder weniger spielorientierten Lernprozess ein Lernergebnis, welches eine adressatenorientierte Interpretation des Stoffes darstellt und Spielelemente in der Präsentation aufweist.

Die kreativen Ausdrucksmöglichkeiten reichen von Reimen und Versen, ästhetischen und künstlerischen Textproduktionen, Verfremdungen und Übertreibungen bis hin zu satirischen und karikierenden Werken. Die Präsentationen können sachlich – nüchtern, aber auch spannend oder dramatisierend, witzig oder frech, ironisch oder heiter, tiefsinnig oder hintergründig, listig oder lustig, fantasievoll oder auch „verrückt" aufbereitet sein. Die Präsentationsform kann das bearbeitete Thema oder das Lernergebnis auch in einem kontrastierenden oder ungewohnten Rahmen stellen und sich dabei durchaus jugendkultureller oder massenmedialer Ausdrucksformen bedienen. Adressaten können Mitschüler und Mitschülerinnen, die Schulgemeinde oder die lokale Öffentlichkeit sein.

Mehrere der in Teil I genannten spieldidaktischen Kriterien sind bei diesen spielerischen Arbeitsweisen gegeben. Der einzelne Schüler oder die Lerngruppe wägt zunächst ab, in welcher Form das Arbeitsergebnis präsentiert werden soll. Dazu sind neben der Analyse der äußeren Bedingungen (Unterrichtsthema, Zielsetzung, Adressaten, Zeit etc.) auch selbstreflexive Überlegungen notwendig. Vor allem sind die eigenen Fähigkeiten und Fertigkeiten einzuschätzen. Der Herstellungsprozess kann spielerische Elemente aufweisen, der idealiter folgende spieltypische Charakteristika beinhalten kann:

- das „Objekt“ (hier die Präsentationsform) kann von den Individuen frei gewählt werden;
- spontanes Engagement und persönliche Entfaltung werden innerhalb eines vereinbarten Zielrahmens gewährleistet;
- Fantasie und Kreativität werden angeregt;
- der Entstehungsprozess sowie das Produkt haben experimentellen Charakter;
- eine spannungsvolle Erwartung kann sich dadurch einstellen, dass die Wirkung auf den Adressaten nicht eindeutig vorhersehbar ist;
- der einzelne kann sich gleichberechtigt einbringen;
- der Produktions-/Spielprozess kann zu einem Flow-Erlebnis führen.

Die konkrete Darstellung von Lernleistungen und deren Präsentationen sind wesentliche Bestandteile eines handlungsbezogenen und produktorientierten politischen Unterrichts. Nicht die herkömmlichen Formen der Dokumentation von Arbeitsergebnissen (Beantwortung von Fragen, Erstellung von Berichten, Ausarbeitungen von Referaten, Lösungen von Aufgaben, meist in Form von schriftlichen Klausuren, „Klassenarbeiten“ oder Tests) stehen hier im Mittelpunkt der Betrachtung, sondern Formen, die einerseits spielerischen und kreativen Charakter, zum anderen politikdidaktische Relevanz haben – orientiert an den Kompetenzen, die in Teil I entwickelt wurden (vgl. S. 20 f.).

Diese spielerischen Lernformen nehmen Methoden des „kreativen Schreibens“ (vgl. z. B. Jürgensen 2000, 254 ff.) auf und sind eng verknüpft mit kreativen und ästhetischen Produktionen. Freie Sprachgestaltungen sowie gebundene, auf Textvorlagen bezogene Textproduktionen stellen für den Politikunterricht kreative Lernmöglichkeiten der auch in diesem Fach unerlässlichen Textarbeit dar. Nachgestaltungen, Ausgestaltungen, Umgestaltungen und Eigengestaltungen von Texten ermöglichen vielfältige Formen der kreativen Auseinandersetzung mit Textvorlagen:

- Rückverwandlung von „Produkten“ in Prozesse,
- Rekonstruktionen von politischen oder historischen Ereignissen,
- Auslösen von Diskrepanzerfahrungen, die z. B. Lernmotive entwickeln, Unfertiges zu vervollkommnen,
- Perspektivenwechsel,
- fiktionale Erzählungen, fiktive Portraits,
- perspektivisches Schreiben.

In diese Kategorie fallen auch spielerische Produktionsformen, die dann präsentiert und in Szene gesetzt werden können: Geschichten erzählen, Traumreisen ersinnen und Märchen erfinden.

„Geschichten erzählen ist eine der ältesten Formen menschlicher Kommunikation. Wir lernen vor allem aus Erfahrungen. Geschichten sprechen unsere Emotionen an. Darum bleibt eine gute Geschichte im Gedächtnis und beeinflusst unser Handeln – vielleicht auch unser politisches Handeln. …“ (Wilbert 2021). Individuelle, gesellschaftliche, soziale oder politische Probleme lassen sich auch in visionären Texten und Märchen zum Ausdruck bringen, indem Handlungsalternativen sowie kreative Handlungsmuster und -optionen, Visionen und neue Konzepte sowie alternative Werte angedeutet und vorgestellt werden (vgl. z. B.: Königskinder – ein Märchen für Demokratie und gemeinschaftliches Handeln; Annette Hartmann 2017[24]; siehe auch: Geisler 2013).

Spiele als Lernchance

Spielerische Methoden im Politik- und Sozialkundeunterricht sind „kein Zaubermittel zur Lösung von Politikverdrossenheit, Desinteresse und sozialem Fehlverhalten. Andererseits eröffnen sie eine Vielzahl von neuen Lernchancen und fördern die Fruchtbarkeit und Effektivität von Unterricht. Spielen und Lernen sind kein Gegensatz, erfordern aber einen hohen Grad an reflektierender Professionalität im Umgang mit den Dilemmata des Unterrichtens“ (Weißeno 1998, 278). Das bisweilen widersprüchliche Spannungsverhältnis zwischen den Erwartungen der Schülerinnen und Schüler nach affektiv-distanzierter und authentisch-expressiver Unterrichtsgestaltung muss vom Lehrer ausbalanciert werden (vgl. ebd.). Auch die Schülerinnen und Schüler fragen bei der Durch-

---

24 https://www.tpa-hartmann.de/die-koenigskinder-ein-maerchen-fuer-demokratie-und-gemeinschaftiches-handeln/; https://www.parlament-berlin.de/deinagh/fuer-paedagogen/koenigskinder-das-demokratiespiel (aufgerufen am 08.04.22).

führung von Spielen nach dem Ertrag für den Unterricht. Deshalb soll auch ein Ziel- und Inhaltsbezug erkennbar sein.

Besonders wichtig ist aber eine „Ethik handlungsorientierten Unterrichts" (ebd. 285) und das Vorhandensein bzw. die Förderung einer Intimität und eine „klassenspezifische Kultur der gegenseitigen Anerkennung individueller Fähigkeiten" (ebd.). „Gerade weil in den Spielen bzw. Simulationen der Sach- und der Beziehungsaspekt eng miteinander verwoben sind, kann man sie (die Schülerinnen und Schüler, L.S.) nicht zur Mitarbeit zwingen (‚freiwillig'). Die Lehrenden dürfen nicht zu nah an die Lernenden herangehen, sondern es muss legitim sein, sich selbst zu schützen" (ebd., 280).

Abschließend möchte ich mich nachdrücklich den Ausführungen und dem Appell von Julia Harleb anschließen:

„Eine plurale, aufgeklärte Zivilgesellschaft mit Menschen verschiedener sozialen Gruppen ist darauf angewiesen, Prozesse auszuhandeln, für eigene Werte und Interessen ein- und Anderen solidarisch beizustehen. Die dafür dringend benötigten Kompetenzen wie Kreativität, kritisches Denken, Kommunikation und Kollaboration zu vermitteln, ist die Aufgabe einer zukunftsgerichteten, innovativen Bildung. Dafür sind Spiele – in Zusammenhang mit einem Wissenstransfer entsprechender pädagogischer Einbindung – besonders geeignet. … Spiele bieten eine Chance für einen Kulturwandel, für innovative politische Bildung. Bei der Entwicklung als auch bei der Anwendung politischer Bildungsmaterialien gilt also: Keine Scheu vor dem Spiele-Format. Game on!" (Harleb 2017)

Die folgende Übersicht führt neben den spielerischen Lernaktivitäten und den Spieltypen die zu erwerbenden Kompetenzen und Fähigkeiten sowie die spielerischen Lernformen auf.

Tabelle 3: Übersicht Spiele im Politikunterricht

Spielerische Lernaktivitäten	Spieltypen	Kompetenzen und Fähigkeiten	Spiele und spielerische Lernformen
a) assoziieren, sich einlassen, konfrontieren, Ansichten und Meinungen zum Ausdruck bringen, Empathie zeigen, Selbstreflexion …	Assoziations- und Einstiegsspiele	Selbstreflexion, Perspektivenwechsel, Kommunikation, Empathie	Arbeit mit Bildkartei – Assoziationskette – Impulswörter, -sätze, Meine Visitenkarte, Vier-Ecken-Methode, Brainstorming, -writing, Mind mapping …
b) auseinandersetzen, diskutieren, argumentieren, streiten, entscheiden …	Diskussions- und Entscheidungsspiele	dialogische Aufmerksamkeit, Gesprächsstrategien, Konfliktfähigkeit, Diskurs, Rhetorik, Perspektivenwechsel, Streitkultur	Positionslinie, Pro- und Contra-Debatte, Streitlinie, Entscheidungsspiel, Prioritätenspiel, Ampelspiel, Thesenspiel, Thesenprofil, Thesenraster
c) simulieren, Rollen spielen, Probehandeln …	Simulationsspiele	Rollenübernahme und -reflexion, Probehandeln, Empathie, soziale Wahrnehmung, Perspektivenwechsel	Rollenspiel, Planspiel, Talkshow, Tribunal, Hearbing, simulierte Expertenbefragung, fiktives Interview, Podiumsdiskussion
d) interagieren, kommunizieren, kooperieren …	Interaktions- und Kooperationsspiele	Interaktion, Selbsterfahrung, Identität, Selbstwert, Ich-Stärke, Empathie, Solidarität	Kennenlernspiele, Vertrauensspiele, Spiele ohne Verlierer, Bewegungsspiele, gruppendynamische Spiele …
e) Wissen aneignen, festigen, üben …	Wissensspiele	Informationsentnahme, Sicherung, Vertiefung, Wiederholung, Übung, Fragestrategien	Rätsel, Quiz, Legespiele, Zuordnungs- und Kombinationsspiele, Brett-, Würfel-, Kartenspiele
f) inszenieren, in Szene setzen …	Szenische Spiele	Persönlichkeitsentwicklung, Identität, soziales Lernen, Ausdrucksfähigkeit, Empathie	Wahrnehmungs-, Vorstellungs-, Bewegungs-, Sprechübungen, Standbilder, Statuen, Szenische Improvisation, An-/Nachspielen, Interpretieren von Textvorlagen und Situationen, Stegreifspiele, Kabarett, Zeitungstheater

Spielerische Lernaktivitäten	Spieltypen	Kompetenzen und Fähigkeiten	Spiele und spielerische Lernformen
g) produzieren, präsentieren …	spielerische Produktions- und Präsentationsformen	kreatives Schreiben, Interaktion, Moderation, kreative Präsentation	visuell: Laudatio, Nachrede, Gedichte, Verse, Satire, Comic, Poster, Broschüren, Slogans, Flugblatt, Button, Karikatur, Pamphlet, Manifest, Märchen, Tagebuch, Album, Collage, Frottage, Bildergeschichte, Pictogramme, Symbole, Rätsel; auditiv: Feature, Hörspiel, (Rap) Song, Reportagen, Ballade, (fiktives) Interview, Wahlrede; audiovisuell: Videofilm, Clip. Nachrichtensendung, Diashow, Musical, Kabarett; gegenständlich: Skulptur, Masken, Kunstwerk, Modell

Literatur

ACKERMANN, Paul (Hg.): Überlegungen zu einem mehrdimensionalen oder gar ganzheitlichen politischen Lernen. In: Schiele/Schneider (Hg.) 1991, S. 79-91

AEBLI, Hans: Denken: Das Ordnen des Tuns. Bd. 1: Kognitive Aspekte der Handlungstheorie. Stuttgart 1980 (Bd. 2: Denkprozesse. Stuttgart 1981)

ANCUTA, Stefan/Preisinger, Alexander: Analoge Spiele für die politische Bildung. Wien: Edition polis, 2021 (https://www.politik-lernen.at/dl/ulpoJMJKomlOOJqx4kJK/analoge_spiele_pb_web_pdf, aufgerufen 29.08.2021)

ARNOLD, Rolf/Schüßler, Ingeborg: Wandel der Lernkulturen. Ideen und Bausteine für ein lebendiges Leben. Darmstadt 1998

BAER, Ulrich: Spielpraxis. Eine Einführung in die Spielpädagogik. Seelze 1999, 4. Aufl.

BAER, Ulrich/Dietrich, Knut/Otto, Gunter (Hg.): Spielzeit. Spielräume in der Schulwirklichkeit. Friedrich Jahresheft XIII. Seelze 1995

BALLSTAEDT, Steffen-Peter/Denker, Rolf: Aggression im Spiel: mit Anleitungen zu Gruppen- und Gesellschaftsspielen. Stuttgart 1976

BELGRAD, Jürgen: Szenisches Verhalten als Grundlage tiefenhermeneutischer Interpretationen. In: Deutsche Vereinigung für politische Bildung – NW e. V. (Hg.). Politisches Lernen 3-4/97, Krefeld 1997/97, S. 7-26

BERLYNE, Daniel E.: Konflikt, Erregung, Neugier. Stuttgart 1974

BERTELSMANN STIFTUNG (Hg.): Miteinander. Erfahrungen mit Betzavta. Praxishandbuch für die politische Bildung. Gütersloh 1997

BERTELSMANN STIFTUNG FORSCHUNGSGRUPPE JUGEND UND EUROPA (Hg.): Eine Welt der Vielfalt. Praxishandbuch für Lehrerinnen und Lehrer. Gütersloh 1998

BESAND, Anja: Ästhetisieren in Politik und Gesellschaft oder: Blinde Flecken in der politischen Bildung. In: kursiv – Journal für die politische Bildung, H. 1/02, S. 18-25

BOAL, Augusto: Theater der Unterdrückten. Frankfurt/M. 1979 und 1989 (2. Aufl.)

BREIT, Gotthard/Schiele, Siegfried (Hg.): Handlungsorientierung im Politikunterricht. Schwalbach/Ts. 1998

BREIT, Gotthard: Buchbesprechung: Pötzsch, Horst: Die deutsche Demokratie. Möckel, Iris/Scholz, Lothar: Thema im Unterricht extra. Die deutsche Demokratie im Unterricht. In: Politische Bildung – Der Staat – Jahrgang 34/2001, S. 108-110

BUDDENSIEK, Wilfried: Rollen- und Simulationsspiele. In: Mickel (Hg.) 1999, S. 369-373

BUNDESZENTRALE FÜR POLITISCHE BILDUNG (Hg.): wahlzeit! warum wählen? 56 Thesen- und Spielkarten, Spiele im Unterricht. Kartenspiel 1. Bonn 2009. auch hier: https://www.bpb.de/system/files/pdf/J7CLRD.pdf (aufgerufen am 07.04.2022)

CAILLOIS, Roger: Die Spiele und die Menschen. Frankfurt/M. 1982 (1958)

DETJEN, Joachim/Massing, Peter/Richter, Dagmar/Weißeno, Georg: Politikkompetenz – ein Modell, Wiesbaden 2012

DOELKER, Christian: Ein Bild ist mehr als ein Bild. Visuelle Kompetenz in der MultimediaGesellschaft. Stuttgart 1999, 2. Aufl.

DÖRING, Sabine: Lernen durch Spielen. Spielpädagogische Perspektiven institutionellen Lernens. Weinheim 1997

DUNKER, Ludwig: Spiele und Phantasie. Eine kreative Form der Weltaneignung. In: Baer, Ulrich/ Dietrich, Knut/Otto, Gunter (Hg.), 1995, S. 4-5

EINSIEDLER, Wolfgang: Das Spiel der Kinder. Zur Pädagogik und Psychologie des Kinderspiels. Bad Heilbrunn/OBB. 1991

ENGELHARD, Rudolf: Einübung kontroversen Denkens als Aufgabe politischer Bildung. Essen 1968

FRITZ, Jürgen: Welche Brettspiele eignen sich für die Schule? In: Westermanns Pädagogische Beiträge. H. 8/1988, S. 330-335

FRITZ, Jürgen: Theorie und Pädagogik des Spiels. Eine praxisorientierte Einführung. Weinheim und München 1993, [a] 2. Aufl.

FRITZ, Jürgen: Methoden des sozialen Lernens. Weinheim und München 1993 [b], 3. Aufl.

GEIGER, Wolfgang: Lernziele und politischer Unterricht. Über die Grenzen der Lernzielorientierung. In: Gegenwartskunde 1/1974, S. 17-34

GEISLER, Oliver: Märchenpädagogik. Münster 2011-2013 http://www.maerchenpaedagogik.de/index.php (aufgerufen am 12.09.2021)

GEORGE, Siegfried: Ästhetisches Lernen im Politikunterricht. In: kursiv – Journal für politische Bildung. H. 2/98, S. 37-41

GIESECKE, Hermann: Methodik des politischen Unterrichts. München 1975, 3. Aufl.

GRAFTSTAT Methoden, 4. Rollenspiel. Didaktische Hinweise. Bundeszentrale für politische Bildung 14.05.2004. https://www.bpb.de/lernen/formate/methoden/46890/rollenspiel (aufgerufen am 26.06.2021

GREVING, Johannes/Paradies, Liane: Unterrichts-Einstiege. Ein Studien- und Praxisbuch. Berlin 1996

GUDJONS, Herbert: Spielbuch Interaktionserziehung. Bad Heilbrunn/OBB, 1997, 6. Aufl.

HARLEB, Julia: Game on! Ein Plädoyer für mehr Spiele in der politischen Bildung. Heinrich Böll Stiftung. https://www.boell.de/de/2020/05/26/game-ein-plaedoyer-fuer-mehr-spiele-der-politischen-bildung (aufgerufen am 29.08.21)

HECKHAUSEN, Hans: Motivation und Handeln. Berlin 1989, 2. Aufl.

HENKENBORG, Peter/Sander, Wolfgang (Hg.): Wider die Langeweile: Neue Lernformen im Politikunterricht. Schwalbach/Ts. 1993

HENTSCHEL, Ulrike: Theaterspielen als ästhetische Bildung. Weinheim 1996

HUIZINGA, Johan: Homo ludens. Hamburg 1987 (1956)

JANSSEN, Bernd: Kreativer Politikunterricht. Schwalbach/Ts. 1999

JÜRGENSEN, Erwin: Von der Klasse zum Team. Unterrichtsvorschläge zum themen-, methoden- und beziehungsorientierten Lernen. Frankfurt/M. 2000

KEIM, Helmut (Hg.): Planspiel, Rollenspiel, Fallstudie. Zur Praxis und Theorie lernaktiver Methoden. Köln 1992

KLIPPERT, Heinz: Planspiele. Spielvorlagen zum sozialen, politischen und methodischen Lernen in Gruppen. Weinheim und Basel, 3. Aufl. 2000

KRÜSSEL, Hermann: Unterricht als Konstruktion, In: Voß (Hg.). 1999, S. 92-104

KUHN, Hans-Werner/Massing, Peter (Hg.): Methoden und Arbeitstechniken. Lexikon der politischen Bildung (Hg.: Weißeno, Georg). Bd. 3. Schwalbach/Ts. 2000

LACH, Kurt: Einstieg. In: Kuhn/Massing (Hg.) 2000, S. 27-29

LANDESZENTRALE FÜR POLITISCHE BILDUNG BADEN-WÜRTTEMBERG (Hg.): Bildkartei Baden-Württemberg. Begleitheft und Lösungen. Stuttgart 1992

LANDESZENTRALE FÜR POLITISCHE BILDUNG BADEN-WÜRTTEMBERG (Hg.): Weltpuzzle 2000. Ein Lernspiel für den Unterricht, mit Beiheft. Stuttgart 2001

LIONS QUEST (Hg.): Erwachsen werden. Baltimore/USA 1984

LIPPIT, Ronald/Fox, Robert: Schaible, Lucille: Detto und andere. Acht Einheiten für Sozialwissenschaften in der Schule. Stuttgart 1975

LUHMANN, Niklas: Soziale Systeme. Frankfurt/M. 1996, 6. Aufl.

MASSING, Peter: Handlungsorientierter Politikunterricht. Ausgewählte Methoden. Schwalbach/ Ts. 1998

MENZEL, Wolfgang: Spiel ist das Vergnügen, sich selbst auszuloten. In Baer, Ulrich/Dietrich, Knut/ Otto, Gunter (Hg.), 1995, S. 73

MEYER, Hilbert: UnterrichtsMethoden II: Praxisband. Frankfurt/M. 1987

MICKEL, Wolfgang W. (Hg.): Handbuch zur politischen Bildung. Grundlagen, Methoden, Aktionsformen. Schwalbach/Ts. 1999

MILLER, Reinhold: Beziehungsdidaktik. Weinheim und Basel 1997

NIETZSCHE, Friedrich: Menschliches, Allzumenschliches. Ein Buch für freie Geister, 1878 (2. erweiterte Auflage 1886). Zweiter Band. Erste Abteilung. Vermischte Meinungen und Sprüche

OERTER, Rolf: Beiläufiges Lernen – nur eine beiläufige Angelegenheit? In: Gruber, Hans/Renkl, Alexander (Hg.): Wege zum Können. Determinanten des Kompetenzerwerbs. Bern 1997, S. 138-153

OERTER; Rolf: Psychologie des Spiels. Weinheim und Basel 1999

PARADIES, Liane/Meyer, Hilbert: Alles nur Spielerei. Ansprüche an eine Spieldidaktik in der Sekundarstufe I. In: Pädagogik Heft 4/ 1994. S. 10-16

PIAGET, Jean/Inhelder, Bärbel: Die Psychologie des Kindes. Olten und Freiburg i. Br. 1972

REINHARDT, Sibylle: Interaktion. In: Richter/Weißeno (Hg.): 1999, S. 114f.

RICHTER, Dagmar/Weißeno, Georg (Hg.): Didaktik und Schule. Lexikon der politischen Bildung (Hg.: Weißeno, Georg), Bd. 1. Schwalbach/Ts. 1999

RÖHRS, Hermann: Spiel und Sportspiel – ein Wechselverhältnis. Hannover 1981

RUF, Urs/Gallin, Peter: Sich einlassen und eine Sprache finden. Merkmale einer interaktiven und fächerübergreifenden Didaktik. In: Voß (Hg.) 1999, S. 154-178

RUMPF, Horst: Spielarten der Kulturaneignung. In: Staudte, Adelheid (Hg.): Ästhetisches Lernen auf neuen Wegen. Weinheim und Basel 1993, S. 19-30

SANDER, Wolfgang: Editorial. In: kursiv – Journal für die politische Bildung. H. 2/1998, S. 4

SANDER, Wolfgang (Hg.) Handbuch politische Bildung. Schwalbach/Ts. (1997) 1999, 2. Aufl.

SANDER, Wolfgang: Politik entdecken – Freiheit leben. Neue Lernkulturen in der politischen Bildung. Schwalbach/Ts. 2001

SCHELLE, Carla: Durch ästhetische Produktionen lernen: Collagen und Video. In Sander (Hg.) 1999, S. 471-484

SCHELLER, Ingo: Wir machen unsere Inszenierungen selber. Szenische Interpretationen von Dramentexten. Oldenburg 1993, 1989 (3. Aufl.)

SCHELLER, Ingo: Szenisches Spiel. Handbuch für die pädagogische Praxis. Berlin 1998

SCHEUERL, Hans (Hg.): Theorien des Spiels. Erweiterte und ergänzte Neuausgabe der „Beiträge zur Theorie des Spiels". Weinheim und Basel 1975, 10. Aufl.

SCHIELE, Siegfried/Schneider, Herbert (Hg.): Das Konsensproblem in der politischen Bildung. Stuttgart 1977

SCHIELE, Siegfried/Schneider, Herbert (Hg.): Rationalität und Emotionalität in der politischen Bildung. Stuttgart 1991

SCHIELE, Siegfried: Bringt Leben in die Bude! In: Henkenborg/Sander (Hg.) 1993, S. 72-77

SCHMIEDERER, Rolf: Politische Bildung im Interesse der Schüler. Köln 1977

SCHOLZ, Lothar: Planspielhandbuch Kommstedt Demokratie. Bundeszentrale für politische Bildung (Hg.). Bonn 1996 (zusammen mit Zepp, Jürgen).

SCHOLZ, Lothar: Hessische Verfassung für Einsteiger. Hessische Landeszentrale für politische Bildung (Hg.). Schülerheft, Lehrerheft. Wiesbaden 1997

SCHOLZ, Lothar: EURO-PARCOURS. Ergänzungen zur Politik-Kiste. Bundeszentrale für politische Bildung (Hg.). Thema im Unterricht. Bonn 1998

SCHOLZ, Lothar: Grundgesetz für Einsteiger. Bundeszentrale für politische Bildung (Hg.). Thema im Unterricht. Bonn 5. Aufl. Jubiläumsausgabe 1999

SCHOLZ, Lothar: Methoden-Kiste. Thema im Unterricht. Karteikarten. Bundeszentrale für politische Bildung (Hg.). Bonn 2000, 9. Aufl., März 2020

SCHOLZ, Lothar: Grundgesetz für Einsteiger und Fortgeschrittene. Thema im Unterricht. Arbeitsmappe, Bundeszentrale für politische Bildung (Hg.), 2010, 15. Aufl.

SCHOLZ, Lothar: Spielerisch Politik lernen. Methoden des Kompetenzerwerbs im Politik- und Sozialkundeunterricht. Schwalbach/Ts., 2009, 2. Aufl.

SCHOLZ, Lothar (Konzeption und Redaktion): China verstehen lernen. Themen und Materialien. Band 1 und 2. Bundeszentrale für politische Bildung (Hg.). Bonn 2009

SCHOLZ, Lothar: Spiele im Politikunterricht. In: Praxis Politik (Westermann), Heft 3 – 2020. Basisbeitrag zu dem Heftthema, S. 4-8

TEPE, Anna: Spiele als Unterrichtsmethode in der sozialwissenschaftlichen Bildung. 2017 sowi-online e. V., Bielefeld. https://www.sowi-online.de/praxis/methode/spiele_unterrichtsmethode_sozialwissenschaftlichen_bildung.html (aufgerufen am 29.08.2021)

VOSS, Reinhard (Hg.): Die Schule neu erfinden. Systemisch-konstruktivistische Annäherungen an Schule und Pädagogik. Neuwied 1999, 3. Aufl.

WAGNER, Reinhold: Formen spielerischen Lernens im Deutschunterricht der Grundschule. München 1990, 2. Aufl.

WATZLAWICK, Paul: Wie wirklich ist die Wirklichkeit? Wahn – Täuschung – Verstehen. München 1969

WATZLAWICK, Paul/Beavin, Janet H./Jackson, Don D.: Menschliche Kommunikation. Formen, Störungen, Paradoxien. Bern 1980, 5. Aufl.

WEHLING, Hans-Georg: Konsens á la Beutelsbach. In Schiele/Schneider (Hg.) 1977, S. 137-184

WEINERT, Franz Emanuel (Hg.): Leistungsmessungen in Schulen. Weinheim 2001

WEISSENO, Georg: Welche Bedeutung haben Ziele und Inhalte im handlungsorientierten Unterricht? In: Breit/Schiele (Hg.) 1998, S. 278-287

WEISSENO, Georg: Puzzle (S. 146)/Quiz (S. 148)/Rätsel (S. 148). In: Kuhn/Massing (Hg.): 2000

WEHNER, Michael: Historisch-politische Bildung zwischen Information und Unterhaltung. Frankfurt/M. 1996

WELSCHER-FORCE, Ursula: Lernen fördern mit Elementen des Szenischen Spiels. Hohengehren 1999

WILBERT, Annette: Methodeneinsatz – Geschichte und Märchen. Konrad Adenauer Stiftung Berlin 2021. https://www.kas.de/de/web/politische-bildung/geschichten-und-maerchen (aufgerufen am 10.09.2021)

ZENTRUM FÜR INNERE FÜHRUNG (Hg.): Praktische Handreichungen für die Politische Bildung. Medienpaket. Koblenz 2001